中国近代西方政治学文献丛刊（第五辑）

国家论

近代国家观念

主　编：杨雪冬

执行主编：张远航　许　超

中央编译出版社

图书在版编目（CIP）数据

近代国家观念 / 杨雪冬主编. —— 北京：中央编译出版社，2024.1
（中国近代西方政治学文献丛刊. 第五辑：国家论）
ISBN 978-7-5117-4378-7

Ⅰ.①近… Ⅱ.①杨… Ⅲ.①国家理论 Ⅳ.① D03

中国国家版本馆 CIP 数据核字 (2023) 第 209002 号

近代国家观念

选题策划	张远航
责任编辑	张　科
责任印制	李　颖
出版发行	中央编译出版社
网　　址	www.cctpcm.com
地　　址	北京市海淀区北四环西路 69 号（100080）
电　　话	（010）55627391（总编室）　（010）55627362（编辑室） （010）55627320（发行部）　（010）55627377（新技术部）
经　　销	全国新华书店
印　　刷	廊坊市印艺阁数字科技有限公司
开　　本	787 毫米 ×1092 毫米 1/16
字　　数	178 千字
印　　张	15.25
版　　次	2024 年 1 月第 1 版
印　　次	2024 年 1 月第 1 次印刷
定　　价	2800.00 元（全 4 册）

新浪微博：@中央编译出版社　　微　信：中央编译出版社（ID：cctphome）
淘宝店铺：中央编译出版社直销店（http://shop108367160.taobao.com）（010）55627331
本社常年法律顾问：北京市吴栾赵阎律师事务所律师　闫军　梁勤
凡有印装质量问题，本社负责调换，电话：（010）55627320

著者、譯者小傳

許超

作者胡果·克拉勃（Hugo Krabbe，1857—1936），荷蘭法學家、政治學家，主權多元論的代表人物，以對主權和國家理論的貢獻而聞名，早年曾擔任政府職員，參與起草選舉制度改革提案。1894年，克拉勃任格羅寧根大學憲法與行政法學教授，1908年，任萊頓大學法學教授，其後一直在此教授國際法和公法。《近代國家觀念》原爲德文 Die modene Staats idee，1922年由美國著名政治學薩拜因（G. H. Sabine）、許派德（W. J. Shepard）譯成英文，并附有譯言。英譯者喬治·霍蘭·薩拜因（Prof George Holland Sabine，1880—1961），1903年入康奈爾大學，1906年，獲博士學位。在斯坦福、康奈爾等大學任教，著有《政治學說史》一書，在美國學術界享有盛譽。

譯者王檢（1901—？），字雲鶴，江蘇人，畢業于復旦大學政治學系，獲法學士學位，歷任國民政府考試院編譯局編譯，考選委員會編纂，南昌、武昌、重慶軍事委員會委員長行營政訓處編纂股股長，軍事委員會政訓處編纂股股長兼國民大會軍隊代表選舉事務所宣傳股股長等。譯有《各國地方自治大綱》（1933）、《近代國家觀念》（1936）、《蘇聯的國外貿易》（1949）等作品。

近代国家观念

克拉勃 著
王检 译

著　　作　《近代国家观念》
著　　者　[荷兰] 克拉勃
译　　者　王检
出版时间　1936年

近代国家观念

出版說明

本書(The Modern Idea of the State)曾由我館于1936年翻譯印行，列入大學叢書。原著者系荷蘭資产阶级法学家克拉勃(H. Krabbe)教授。

近代资产阶级的政治学和法学，都以主权問題作为討論的核心和旧宿，本書著者系統地提出了一个新的主权概念，为现代国家找到一个新的理論基础，对研究本世紀初資產階級政治學和法学的發展，并作为批判資产阶级的政治学和法学的材料，是有一定参考价值的。重版以前，我館根据阿普利頓出版公司(D. Appleton and Company, London, New York) 1922年出版的英譯本作了校訂。英譯者系薩柏恩(G. H. Sabine)和許派德(W. J. Shepard)。

近代国家观念

克拉勃著　王檢譯

商务印書館出版
上海河南中路二一一号
（上海市書刊出版業营業許可証出字第〇二五号）
新　華　書　店　总　經　售
京　华　印　書　局　印　刷
(6017·1)

1936年8月初版	開本 850×1168 1/32
1957年8月重印第1版	字数 176,000
1957年8月北京第1次印刷	印数 0001—2,400
印張 7 6/16	定价(7) ¥ 0.80

目　　录

英譯者序 …………………………………………………… 7
 一、主权的历史 ………………………………………… 10
 二、主权和国际法 ……………………………………… 20
 三、国家是法人 ………………………………………… 22
 四、法人的人格 ………………………………………… 29
 五、国家和法律 ………………………………………… 34
 六、利益是法律的目的物 ……………………………… 42
 七、法律是利益的估价 ………………………………… 48
 八、法律的权力 ………………………………………… 54
 九、近代国家观念 ……………………………………… 57

原著者引言 ………………………………………………… 64

緒論　近代国家观念 ……………………………………… 1

第一章　国家的权力和法律的权力 ……………………… 2
 第一节　新旧国家观念的对立 ………………………… 2
 第二节　近代国家观念的發生 ………………………… 4
 第三节　近代国家观念的意义 ………………………… 5

第二章　历史上的主权者的权力和法律的权力 ………… 7
 第一节　国家原是以法律为根据的一个团体 ………… 7
 第二节　主权者的权力的發生 ………………………… 7
 第三节　古代政治学說是社会的法律制度学說 ……… 8
 第四节　中世纪的政治学說是一种主权学說 ………… 9
 第五节　同主权者締結的契約的意义和專制主义下的社会契约意义 … 10
 第六节　葛罗休斯和其他人所主张的主权与社会組織的关系 … 11
 第七节　政治学說純粹是一种主权学說 ……………… 13
 第八节　英国的主权和社会組織的关系 ……………… 14
 第九节　旧制度下的德国国家哲学 …………………… 15
 第十节　孟德斯鳩的分权学說是主权学說的政治学說的产物 … 16
 第十一节　十八世纪的国家主权学說 ………………… 17
 第十二节　盧梭的民权学說 …………………………… 17
 第十三节　在立宪制度下近代国家观念的發生 ……… 19
 第十四节　法律的权力代替主权者的权力 …………… 21

第三章　法律的拘束力的基础 …………………………… 23

3

第一节　法律主权观……………………………………………23
　　第二节　法律的权力是意志的支配………………………………25
　　第三节　对意志支配的批评………………………………………27
　　第四节　法律效力的条件…………………………………………28
　　第五节　法规的基础………………………………………………28
　　第六节　对于正义意识学说的反驳………………………………32
　　　一、正义意识的规范性(33)　二、主权者的权力是法律的权力(36)
　　　三、法的固定性(39)　四、力和法(40)
　　第七节　法律是一个团体的规则…………………………………44
　　第八节　多数表决原则……………………………………………45
　　第九节　对反对多数表决原则的辩论的批评……………………50
　　第十节　个人的正义意识…………………………………………53
　　第十一节　正义意识的性质………………………………………55
　　第十二节　法律的制定……………………………………………58
　　第十三节　立法是一种有组织的正义意识的作用………………60
　　第十四节　非成文法………………………………………………63
　　　一、内容(63)　二、必要(64)　三、补充(65)　四、废止和修改(68)
　　　五、成文法和法(69)
　　第十五节　加强法的权力…………………………………………73
　　　一、关于刑罚和强制执行的行政(73)　二、其他行政职务(77)

第四章　立法………………………………………………………81
　　第一节　立法是一种智力的作用…………………………………81
　　第二节　编纂法典的影响…………………………………………82
　　第三节　刑法内的改革……………………………………………82
　　第四节　私法内的改革……………………………………………84
　　第五节　对于判决的影响…………………………………………85
　　第六节　主权观念和宪法…………………………………………86
　　第七节　行政法内的主权观念……………………………………89
　　第八节　宪法和行政法体系的混合性……………………………91
　　第九节　新旧政治学说的合理结论………………………………92
　　　一、法律的拘束力(92)　二、法律的独占(92)　三、效力的继续(93)
　　　四、成文法的解释(83)　五、司法判决(94)

第五章　利益和正义意识…………………………………………96
　　第一节　关于利益的知识和公平…………………………………96
　　第二节　柏拉图的理想……………………………………………96
　　第三节　君主政体…………………………………………………97
　　第四节　智力………………………………………………………99
　　第五节　利益的平衡………………………………………………102
　　第六节　冲突的解决………………………………………………104

第六章　立法的分权主义……………………………106
第一节　以利益团体为基础的分权主义……………106
第二节　改变利益团体为法律团体……………108
第三节　立法机关的缺乏……………110
第七章　法律的来源……………………………112
第八章　法律的进化……………………………115
第一节　历史的过程……………115
第二节　唯智论……………120
第三节　感情生活……………123
第九章　国家……………………………127
第一节　旧国家学说……………127
第二节　批评……………130
第三节　近代国家学说……………132
第四节　国家是一个利益团体……………135
第五节　国家的起源是一个利益团体……………137
第六节　国家起源是一个法律团体……………140
第七节　利益团体的组织……………143
第十章　国际的法律团体……………………………143
第一节　国际法的权力……………148
一、从国家的权力取得它的权力(148)　二、批评(150)
第二节　国际法的内容……………151
一、国际法对于看做法律团体的国家的重要性(151)　二、国际法的主体(152)
三、国内法和国际法的关系(155)
第三节　国际法的制定……………157
一、机关(157)　二、习惯法(158)　三、条约法(159)　四、契约的和宣告的条约(161)　五、立法(163)　六、国际法的内部变化(165)　七、世界国家的产生(169)

英譯者序

常常有人懷疑政治學說——或者稱為國家哲學——的一般的和抽象的努力價值。一方面，有人主張：真正的政治学不能超越实际的政治組織的研究及其对于其他社会制度和經济制度的关系的研究。另一方面，有人說：因为政治哲学在方法上必須是由因推果的，因此除了反复申述远古时代述說的若干基本学說以外，它不能够有其他作为。因此，鄧宁（Dunning）教授在近著自盧梭到斯宾塞的政治学說("Political Theories from Rousseau to Spencer")一書內說："在耶穌紀元前第四和第三世紀內关于这个問題（权力和服从的辯正）的希腊思想，实际上包括常常提出的一切解答。"①

但是，政治哲学时盛时衰地連續不斷；它是人类不会放弃的永久关心的論題之一，無論它是"科学的"或者非科学的。的确，它有时在人类無尽期的权力爭夺中变成特殊事業的一种辯解。这种危險，在人們从事于估計实际政治上还没有实现的各种趋势的价值和重要的时候，是不能避免的。但是，虽有这种危險，原則的批評还是不可少的。政治学說能够确切变成实际政治的分析和总結这个观念，事实上是無用的。政治理論家当然必須同任何其他思想家一样敏銳地用科学的方法研究事实，但是他無法避免这个事实：他的論題，和自然科学家的論題不同，它包含一个理想的境界。因为政治制度不是不变的，并且它們不單是在客观条件的影响下变化的。其实，政治的现象是屬于心智范圍的，而心智一部分常常是还没有实现的未来的計划，并且也是成功的記录。政治学說当然不能輕視实际情况，但是也不能忽略应有的事，因为应有的事是人

---

① 第416頁。

类在他政治关系內所得經驗的不能磨灭的因素,幷且也是他的行为的实在力量。

因此,政治思想不但永远包含,幷且必須永远包含事实的概論和趨勢的評价。它是使心景清明——換句話說,在永久爭取实现人类生活狀況的更合理的改造中,完全明白目前的事件——的必要产物。而整个制度包括正在形成的一切和现有的一切。从前在希腊哲学家之手一度完成的观念——政治哲学包含少数抽象的原則——事实上对于十九世纪的政治思想大有損害。重复申述希腊对于社会关系是个人福利所不可少的条件这一事实所具的明確理解,显然是主張自然权利的哲学家的抽象的个人主义的一种有用的校正。我們能够了解为甚么政治思想家向柏拉圖(Plato)和亞里士多德(Aristotle)找寻比他們从革命时代遺傳下来的更健全的見解。但是,把希腊城邦看做同近代民族国家相似,就会完全忘掉罗馬和中古时代的悠久历史,就会忽略在宗教改革时隨基督敎会的兴亡發生的各种价值的高度評价,幷且还会輕视在工商業主义进步以前的封建制度的兴衰。那主張在这一切之后有許多不变的政治原理存在的假定,完全是十七世纪唯理論的最后的幻影。在从亞里士多德起的二十三个世纪內,政治学說已接近现代国家所由产生的变化的中心。它曾繼續企圖說明和估計这些变化的力量;創造合理的先見的条件,用命令消灭混乱。它随时向希腊思想追寻灵感,但是灵感不存在于特殊学說的剽窃內,而存在于一个聪明人的理想中,这种人在变化中能够瞻前顾后,从而成为自己命运的支配者。它从过去剽窃的一切,不如它所希望使它的剽窃物适应新时代和新形势那样重要。假定政治学說充其量能够变成特殊的辯护。但是对理想和趨勢的繼續批判仍旧是它的作用的不可少的一部分。

这个作用不是正確而肯定的。事件的进程不是完全自觉的,并且对于一切人不是同等自觉的。那一度同社会和政治实况相适应的观念和理想变得陈旧了。它们不但变成解决新政治问题的假定，而且变成障碍了。政治思想家的职务就是说明这种观念的不真确，以便替一种更适宜的政治关系的概念扫清道路。各种制度，像习惯一样，当它们在不适当的行为中表现的时候，能够束缚人的心智。立法者、行政者以及常人，必须扫除头脑中的陈腐学说。批判是明察政治和社会实况的唯一方法。但是消极的批判不能达到这个目的。政治理论家不能够迴避政治家应尽的若干职务；他必须推究制度"从何而来"，并且也必须推究"至何地步"；他必须重视正在活动的各种力量及其方向。一种政治学说的价值，不仅依赖它承认已成的事实和它的综合法的完善，而且还依赖它坚执可能的事实。因此，虽霍布士(Hobbes)在他邏輯学的力量方面远超过洛克(Locke)，但是效力则比不上洛克，因为他看不到在立宪政治内来临的力量和趋势。

这里所译的克拉勃教授的著作是一种巨大的努力，既说明现行政治学说的弱点，又略述政治关系正在采取的新形态。他的批判是针对业经承认的学说的基本概念，并且按照现代政治中显然发生的变化预示学说的根本改变。他的学说并不自以为是最后的，甚至是完善的。它必须按照现在还没有提出的批评和论据修改。就其主要情形说来，它是同其他学者的批评——已经在目前政治学说内成为一种最重要的现象的批评——相符合的。公平的读者必须自己判断这种反对传统的学说的批评的价值，以及克拉勃教授对于一种积极的学说的特殊贡献的适当。

这一种积极的学说不仅期望政治学的结构有所改变，而且期望政府有迫切的变化。但是在发生以前不能够详细推猜该学说所含的政治组织的变化。议会政治的组织曾经洛克的论文集("Treatises")预言过，美国的立宪制度曾经洛克和孟德斯鸠(Montesquieu)的学說提出。然而這些作者的同代人沒有一个能够預先詳知英美政府將要走的發展途徑。在当时的保守思想看来，他們的学說似乎是想像的和不法的。倘使本書讀者，在遇到一种满足实际需要的制度的时候，感覺同样的困難，他必须記牢，法律承認有动力的观念的过程是迟緩的，經过許多試驗才能成功。实际的制度是由試驗和錯誤完成的，但是常常或多或少受观念的指導。一种政治学說的辯护并不存在于一种非常微妙的政治制度的表現，而是存在于政治力量的趋势和力量的真实說明。

一　主权的历史

政治学說的基礎久已是国家主权的原則。为了說明这个概念的重要性，必须簡單地叙述一下它的历史。这个問題克拉勃教授曾在其早期作品法律主权学說里詳細討論过——現在所譯的是它的續編。前一种著作主要是对国家概念及其与法律的关系的精邃的和历史的分析。本書依照这个批判所得的論据，从事奠定一种新国家学說的基礎。

主权概念根本上是属于近代政治学說的。把亞里士多德称为国家特殊标志的独裁权或自足看做是近代的主权，显然是錯誤的。因为前者是一个道德的概念，后者是政治的和法律的概念。自足的国家是一个具备美好生活所不可少的一切事物的国家。政治的独立可以是这种条件的一个要素，但是它并不比經济的自足重要。独裁权的意思就是国家满足公民一切需要的能力。罗馬人也并不具有主权的概念，虽然罗馬法承認皇帝的命令权是他的职位所固有的。这种法律原則在后来表述主权学說的时候曾被人利用，但是主权的申說含有对分权的建議和反对。这种可能的多元論事实上在罗馬的思想和实踐中是完全沒有的。一个世界国家、一种世界法律、一种世界语言和一种世界教会,是罗马才子的特殊表现。

这种多元论的条件直到中古时代才产生,而从那个时代起,它们在各处产生。到处有人区分、散布和研讨权力。教会和国家、教皇和皇帝、皇帝和国王、国王和男爵、贵族和奴隶,继续对立。社会被分为常常富有阶级意识的许多等级,但是没有一个地方有一种民族意识。皇帝、教皇和国王的命令常常彼此冲突,被地方的法律和习惯所反对和限制。在那里没有一种位于统一的政治和法律制度之上的显著的权力。结果,民族国家从这种冲突的权力和竞争的权限的起伏中产生了,而政治的主权概念也随之发生了。

这个现象主要是和君主政体的产生相关的。在中古时代的初期,权力的竞争集中于教皇和皇帝间的争论。但是,这种竞争逐渐转变为国王在自己领土内努力扩张权力而产生的争论了。起初,国王权力的至尊是不为人所承认的。他为竞争无上权的两种大势力的要求所限制。皇帝对于普遍的世俗的权力的要求或者是属于理论的,但是教会在王国内的权力常常是实在的。教会法庭的独立、教士不受国家权力支配以及教会征收什一税的权力,是国家领土内大大损害国王权力的例证。除教会和帝国的古代权力外,封建贵族常常能够蔑视他的命令。当发怒的国王对有权的扈从说"你不去就吊死"而得到"我不去,也不吊死"的确切答复的时候①,显然没有主权这样东西附属于国王的权力。此外各城市还常常说它们不受中央的节制。"除了市长以外我们不愿意有国王"是伦敦市民目空一切的话。

但是国王所遇到的不仅是各个男爵,城市,或者教会团体的反抗。这些在"各社会阶级"内联合起来的社会成分久已能对抗国王,并且能大大地阻碍王权的发展。中古时代的英国国会并不代表全体人民,而是代表千百个组合的团体和有权的贵族。"平民"

---

① Dicey: "Privy Council", p. 2.

的字源大概是"社团"或者组合的团体。① 英国的下議院是王国的州和市——組合的团体——的集会，而不是平民的代議士会。各社会阶级，与教皇和皇帝不同，并不想位于国王之上，但是要求一种平等的地位，或者坚持不受他支配。这种中古时代的政治組織是完全没有主权者和臣屬的政治关系的，国王和各社会阶级間的关系事实上是契約的。因此大宪章(Magna Charta)应当被看做是各有权的男爵和国王間所訂的一种条約，而不应該看做是民权的宪法的保証。

但是时机和成全的力量左袒国王。莫努(Monod)先生曾經說过："我們能够通过封建时代了解破坏封建制度的君主观念的發展，正像我們能够通过君主时代了解輕視王朝事业的民族观念一样"。② 民族国家的兴起是近代史上的特殊政治事件，并且是君主專制主义时代的功績。在这方面，英国政府的發展比欧洲大陆早一世紀，但是二者的發展是遵循同一軌道的。亨利八世和依丽莎白的事业的目的实际上是同路易十四或威廉一世的相似。那是一种联合、统一和国家化的事业。倘使各省不联合而为各王国，各地方团体不結合而为各民族，一切封建的权利、特权、豁免和权力的对抗的混合物不变成一个统一的政治制度，那么后来的民主立宪政治的發展将一定不遵照它所采取的途徑。这是專制君主政体的事业。

这种專制的个人权力的理論的基础是主权概念。这个概念建立一种不受一切外部支配的法律自主的观念，和一种超越王国一切內政的法律特权。它是从許多权威者——帝国、天主教、封建贵族、自由市、教会团体和国王——为取得强人服从的权利引起的多年爭論而得到效力的一种观念。因为这个緣故，主权概念是特别

---

① Boutmy: "Constitutional Law", p. 157.
② "Revue historique", vol. XLIII, 1890, p. 95.

屬于近代的；古代並沒有产生这种观念的权力的冲突。

尤其是法国国王在十六世纪获得"本国有形的上帝"的名称。在1567年，鮑庭(Jean Bodin)首先下了一个以主权为主要特点的国家的定义。国家包括服从某种主权的市民，而"主权是超越臣民的無上权，不受法律約束"。① 主权者是法律的来源，因此不受法律約束，他只服从神法和自然法，他的行为只对上帝负責。政治学說因此同政策携手了。馬基雅弗利(Machiavelli)曾經說过，权力集中于君主之手是統一意大利的唯一方法；鮑庭在內乱期中在他的主权史內也頌揚过当时在法国将要完成的权力集中。不但这样，这个学說很适合那个世紀的最重要的趨勢：国王不服从教皇，不忠于皇帝，並在他的王国內力求爭取一个地位，替他的全体臣民立法並由他自己的官吏直接对臣民施行法律。路易十四的名言"朕卽国家"，不过是事实的陈說罢了；至于从其他方面来說，它是叙述一个偉大政治理想的淺薄方式。主权学說是君主同其他权力要求者竞争时的宝贵武器。它給正在产生的民族專制国家以理論基础，並且明确地預示了政治發展行將采取的途径。因此，政治哲学之所以把臣民和主权者的关系看做基本的实际政治，显然可見了。

的确，虽在極端專制政治时代，国王的权力並未达到学說所要求的程度。在理論上，法律从国王的意志得到效力，即使它可以拿一种久在国王产生以前存在的不能記忆的習慣为根据。可是，習慣法的施行逐漸握在国王官吏之手，因而鮑庭主張：不經国王意志的批准，習慣不能够成为法律。但是，習慣和制定的法律是鉄的事实，並且实际上專制君主不过得到一种把他的意志加諸人民的普通法的非常有限的权力罢了，因为私人間的法律关系主要是决定于普通法。在法蘭西，虽有全面編纂法典的种种计划，但是地方上的習慣，从專制君主政体起到革命止，仍旧大体保全。国王对于

---

① "De re publica", Lib I, Cap. VIII.

私法实际上不过行使极少的立法权。"到旧政府末了为止,法蘭西的国王,除在极少場合外,幷不干涉私法。这种法律根本上仍旧是一种地方的習慣法。政策、行政和警察任务是公务的主要目的物。而事实上这是国王的行動范圍。他的規章和命令,从最初起是屬于行政的;它們不是民法……总而言之,主宰历史的主要事实是国王对于私法比較的無能为力。"①

在另一方面,專制君主政体把关于行政事务的立法权集中在国王手里,幷且他發給官吏的命令变成行政法或公法的来源。只在因国会的产生使公法和私法無法区别的英国,才有一种对使用于官吏和私人的統一法律,才有法律的唯一来源——御前会議。但是,在这方面,英国政治的發展又在欧洲大陆的政治發展之前。因代議制度的推广和管理行政的国会权力的發生,国家事实上能够比君主的專制权更完全地使法律統一。代議士会逐漸吸收立法权,直到制定的法律不但是行政权限的一种限制,幷且是这种权限的基礎。我們將有机会再論及国家和法律間的这种关系。

主权学說不再只是主張国王意志的至高無上了,因为君主的意志——至少在英国——立刻变成無关重要了。立宪政治的趨势是立刻解除專制的个人权,洛克的政治学說的主要目的是决定权力如何能够受制于法律。他的理想是政府完全受法律制裁。霍布士心里很明白,他譏笑使一人以外的一切人都服从法律的契約观念。②但是,不幸洛克不能够說明立法权如何能够自己服从法律。他的学說是:最后的权力在人民之手,政治的服从是由于"社会的公意",这是后来一切民权学說多子的种子。其实,1688年革命

---

① Paul Viollet: "Histoire des institutions politiques et administratives de la France", Vol. 11, pp. 198 ff. Cf. Krabbe, Die Lehre der Rechtssouveränität, Ch. III.

② "Treatises concerning Government", II, Sect. 90 ff.

的实在结果是把主权从国王移到国会,使主权概念本身大大地变化。主权者的假定的统一曾一度为孟德斯鸠的分权学說所动摇。但是,內閣制的發展,以及君主特权和一切执行权的集中于对下議院負責的內閣之手,使国会的法律万能成为英国政府的主要原则。十九世纪中叶裴其霍德(Bagehot)的事业确立了国会主权的观念。

在革命时代以后多少陷于停頓的民权学說,从各种制度的迅速产生得到了一种新生命,这些制度使国会更直接負控制舆論的责任。选举权經三次改革案扩张以后,国家里产生了一个新的要素——选举团——幷且这个要素很占势力。不但差不多等于国会的下議院借选举依賴选民,幷且常常借解散和重新普选把它的决議案作为向选举团申訴的题目。国家有了这种新要素,能說国会有主权,选举团不握主权嗎?幷且,如果国会依賴选举团,那么选民資格,选举期限和条件,事实上选举本身的可能性,都依賴只为国会意志的表白的法律,幷不是不眞实的。因此,究竟国会握主权,还是选举团握主权呢?

这个混乱因选举团和人民間沒有明确的区別而加甚。洛克略述幷經盧梭加以闡揚的民权学說,把主权归屬于全体公民——比选举团所包含的广得多。英国的政治学說不受盧梭哲学的大影响,但是民权观念虽在英国有时也指选民的主权,有时指全体公民的主权。因为要解决这种关于主权位置的惶惑,最近研究英国宪法的著作家普遍承認兩个主权学說,就是:法律的主权者——国会——和政治的主权者——选举团或人民。因此,狄冀(Dicey)敎授强調法律的主权和政治的主权之間的区別。他說:"从純粹法律观点来看,国会是不列顚帝国的專制君主,因为国会的每个法令对于不列顚領土內每个法院都有拘束力,凡違背国会法令的规条(道德的或法律的)都不拘束王国內的任何法院。但是,如果就法律观点来說,国会是一种最高的立法部,那么代議政治的本质是:立法部应該代表或实行政治的主权者——换句話說，选举团或国民——的意志"。① 但是关于最后一句，我們可以質問，哪一种是政治的主权者，是"选举团"呢，还是"国民"？这兩种当然是不同的。

民权学說从沒有达到邏輯上的清晰。事实是这样：它包含兩种不能結合的原素。前面已經說过，鮑庭創造的主权概念是下述一种要求的辯护，就是：对于充作国家代表的專制君主所具体表現的最終权提出的要求。在革命以后，这种权力不屬于国王个人，而移授与御前会議了。但是，單独改变專制权的地位当然不是革命的主要目的。洛克說过，主要的目的是保証权力不为国王或者事实上不为任何一群人所任意行使。公法的代表者——像爱德华·柯克(Edward Coke)——对詹姆斯(James)首先提出有效的反对，目的在于反对任意使用王权。这种反对并不以这一类权力为对象，而是以把权力視同君主的自由意志为对象。当然，洛克不再容忍把权力看做国会的自由意志。甚至国会的法律必須同自然法相符合，才能証明是正当的；实体法的作用是处罰違反自然法的。② 消除权力的任意使用永远是民权学說的主要道德观念；它也是狄冀教授学說所主張的主要观念，他認为輿論是政治的主权者。主要的一点是：国会对于使用权力应負道德上的責任——如果不是法律上的責任。在精确的立法这个事实之后还有一个事实，就是：代議团体代表国民。但是，因为使一群人賦有絕对的权力，同时使他們負行使这种权力的責任而發生的邏輯上的困难，事实上是难以解决的。它是哲学上的一种絕对的困难，实际上是名称上的一种矛盾。但是，前面已經說过，民权学說——即使像洛克所說的——在近代国家进化中握有一个非常重要的原則，就是：政权事实上不是純粹个人的；它并不存在于任何人或任何团体的意志內，但是这

---

① "Law of the Constitution", Ed. 8, p. 425.
② "Law of the Constitution", Ed. 8, Sect.88.

个概念只有完全变更主权观念才能表明，不管它本身如何，任何主权学说都是以个人权——存在于某种意志內，把它的命令加諸其他意志的一种权力——为終点，它是同其他行使权力的責任观念不同的东西。没有近代的責任学說能使用意志的这种固有的卓越名称。

英国国会首先确立权力以及国会对輿論相对負責这一事实，显然产生了常常提到的英国政治学说的一种狀态，就是：国家概念和国家主权在英国远不如在欧洲大陆——尤其在德国——的政治思想中那样重要。狄賽敎授說："英国人受法律統治，并且只受法律統治，"已是很久的事实了。① 在欧洲大陆，权力保存原始主权观念所含的个人性質要久得多。尤其是德国的政治思想以为，国家的固有权力是一种不易之理，并且这种权力的存在于某种可以指定的人的意志內，至少在十九世紀前七十五年中，比在英国要聳人听聞得多。民权学說，虽并非不知道，但是不大重要。宪法在理論上被看做君主的一种賜予物，而不像在美国被看做是人民最高意志的一种表示。并且，因为不承認責任內閣原則，代議团体不能在政府內达到英国国会所保持的中央地位。其实，在下节論述的法治国家学說兴起以前，德国的政治思想仍旧企圖把假定的国家的絕对权安置在特殊的統治者身上。倘使最后的权力認为在理論上存在于人民，那么这个权力的有效的"所有人"是完全眞实的人了。在不少政治理論家看来，君主不但是政治权的"所有人"，而且是它的化身，因此，賽台尔(Von Seydel)說："君主不是国家的器官；他是国家的統治者或元首"。"君权并不依賴宪法，而是宪法依賴君权。"龐哈克(Bornhak)說："国家的全部权力是君主的权力，全

---

① "Law of the Constitution", Ed. 8, p. 198.

部宪法是君主的法律。"①

　　但是，安置主权的企图日见困难。这显然主要是由于政治制度的趋势背离个人的权力了。代议士会逐渐达到它支配行政官吏的要求。法律不成为官吏权能的限制而成了他們权能的基础了。国王制定須由他批准的法律的权力逐渐倾复了。那能够向具有优越地位的可以指派的人追溯权力来源的学說，变成逐渐和近代国家实际运用的政府的一切事实不相符了。不但这样，国家的逐渐增加的复杂性增加了困难。在联邦国內安置一种不可分的主权的企圖是完全無望的，然而在邏輯学上要求：絕对的权力在性质上是不可分的。不损坏这个概念的完整，主权便不能够分割，但是，倘使主权不分割，政治学說不能够反映政治的现实。就这个概念的重要性說，它应该是某种可以發现的生物的品性，然而，特别是在联邦国內，它不能够把它安置在任何一个人身上。

　　这个困难在联邦制度發生的地方——在德意志和合众国——都感觉到。每个美国人都熟悉主权学說在施用于說明我国（英国——譯者）政府时所陷的混乱。关于主权在本国是否委托于联邦国，或者委托于各邦，或者分散于各邦这个问题进行的多年爭辯，引起了更多的实际上的和理論上的困难，並且是一个比本国政治史內任何其他論題更理論化的論題。卽使假定：主权是联邦国的一种性質，各邦並不擁有主权，但是仍旧不能查出这个主权的所在地。我們当然不能在国会或者在大总統身上找到它。人們企圖把它确定在最高法院里，但是由大总統和参議院任命的一个团体是不能够認为握有主权的，因为它的成员能够被不具有独立财政的众議院所提出的彈劾所免职，並且所有命令的执行必須依賴政府的执

---

① Von Seydel: "Bayerisches Staatsrecht", 1884, Vol. 1, pp. 352 ff; Bornhak: "Preussisches Staatsrecht", 1884, p. 64. 所引各句摘自克拉勃教授"法律主权学說"第12节，該节詳細討論了法律学說以前的德国各种宪法学說。

行部門。把主权安置在全国宪法大会內的企圖也幷不令人满意。因为在本国历史內只遇到一次——在一世紀又三分之一以前——幷且所有职务,在未經各邦內的其他团体批准以前,在法律上幷不生效的一个团体,显然不是握有主权的。把主权委托于"修正手續"內,換句話說,委托于国会每院的三分之二和各邦立法部的四分之三內,也幷不妥当。因为一种"手續"能握有主权嗎?偶然举行和需要七十四个代議团体合作的一种手續,能够握有主权嗎?事实上,我們只能說:"国家的意志經任何人或任何团体表白,和法律經任何人或任何团体創制以后,我們就已經行使主权了。"①但是,这句話只不过是重申一般的学說罢了。主权显然幷不存在于联邦国的任何机关內,因此,美国的政治学說普遍采用主权在"人民"的这个含糊观念里。这可以用来庇护这个問題,但幷没有解决什么。因为,倘使"人民"的意义只是全体公民——一个没有法律和政治意义的完全無定性的团体——那么只能說,政府负使用权力的責任。倘使,在另一方面,"人民"的意义是选民,那么所有困难是同承認其他統治机关是自主的时候所有的困难相似的。因为选民幷不構成具有一种集合能力的統一团体,幷且在任何場合,选民的資格是由法律或宪法規定的。

上述种种想把主权固定在国家的一种特殊部分內——所謂国家机关主权学說——的企圖都是徒劳無用的。在近代国家內,尤其在联邦国家內,不能够向可以指派的一群人或一群官吏內的一个單独的本源尋找权力。因为政治組織的复杂性禁止这种尋找,但是在机关的發展之后具有下列事实:近代国家的政治权力不是个人的。人們已不再以僧侶制来联想权力意志了。近代政治組織是依照不同的进程發展的。所以尋找一种实际的主权者的企圖,不过是使近代政治制度具有施用于一种完全不同的事实狀态的思想

————————
① W. W. Willoughby: "The Nature of the State", pp. 302 f.

模型的企圖罷了。前一世代在德国的政治学內产生了一种反对这种国家机关学說的反动。把主权安置在任何特殊机关內的企圖放弃了，并且采用了这个观念：主权是一种只屬于国家本身的性質。这种国家法人学說將在以后一章討論。但是，在討論这个問題之前，最好指出主权学說关于各国間的关系所遇到的另一种困难。

二　主權和国际法

在試圖說明国家內部組織的時候，主权学說遇到重大的困难，这时它受到外界国际法發展的威吓。我們已經看到，主权学說是在民族国家从中古时代所特有的对抗权限的起伏产生的时候發展的。这是民族国家借專制君主之力达到完全摆脱帝国和敎皇并完全支配境內各阶级時而独立的正确說明，十七世紀初期欧洲民族国家事实上是独立的。但是立刻开始發生了一种各国都认为对于它們的相互关系有拘束力的規律。前所未有的国际法迅速产生了一种加于"国际团体"成员的控制。遵守这种規律被認为是每个国家的义务。然而这种規律的性質究竟是什么呢？首先企圖用定式来表述这些規律的葛罗休斯（Grotius）称它为"法"，并且正像其他規律从自然法中得到一样，从自然得到了这些規律。"国际法"这个名称在習用上坚固地确定了。的确，奥斯汀法学派曉得国际法不能列入他們把法看做君主命令的定义內；在他們看来，国际法是道德的一部分，而不是法的一部分。它依賴各国的同心合力，而不依賴任何一国的权力意志。不但这样，它是不能用刑罰强迫施行的；它并不具有有效的制裁。所以，虽然它毫无疑問地在道德上拘束接受它的各国，但是它缺乏法的必要屬性。这种見解在欧洲大陆上永远沒有流行，但是在英美它已得到普遍的承認了。

从十九世紀中叶起国际法的巨大扩張，尤其是一种眞正的国际组织的开始，使属于这一类性质的问题变成研究法律哲学和政治学的人的一个非常重要的问题。奥斯汀派的法律定义有人认为太狭隘。亨利·苏纳·梅因爵士（Sir Henry Sumner Maine）的研究发现了不经国家任何命令存在的并且用法院所科刑罚以外的其他方法施行的许多法律制度。的确，爱列欧·罗德（Elihu Root）曾经说过，普通的私法和刑法的遵守是通过社会制裁、舆论压迫、和违法者本人承受的羞辱实现的，而不是由科金或监禁的恐惧实现的。不把英国宪法的根本原则——内阁经众议院投反对票时必须辞职或向选举团申诉——包括在内的一种法律定义，显然是太狭隘的。这条规律，虽是英国宪法的一种业已确定的原则，但是不能由法院实施；它只在一般的同意——一种舆论——内求它的制裁，但是这种制裁是完全有效的。

国际团体的全体成员是绝对平等的，这是严格的国家主权学说的必然推论。列强和各小邦在国际关系中都占有完全平等的地位。类似某国受制于它国的事情是与它们的独立的实体性质完全相背的。但是国际关系的实际发展同这个理论不符。称为列强的国家擅自取得关于整个国际事件范围的较大的控制权，直到它们的特权地位在国际联盟盟约内明确地被承认。国家平等的旧学说显然是一种假托。但是，如果各国并不完全平等——如果有些国家较高和有些较低——主权学说将变成什么呢？

不但这样，在一种有效的国际组织成立的时候，即使列强也受一种非它们自愿承受的节制，这是显而易见的。事实上有一种从上面加诸大小各国的国际"法"。它的命令不是由通常科金和监禁的刑罚实施，而是由那些和保证英国宪法许多原则的制裁相同的制裁——舆论的制裁——实施的。国际法是管理各国关系的行为规律，不是从各国自愿承认，而是从其他一切法律同一来源得到的；它的效力不依赖各国自愿的同意，而是由世界舆论实施的。

这种规律的存在同主权学说不相合，是显而易见的。我們敢說：这种法愈扩張和愈有效，国家主权学說被破坏得就愈彻底。

三　国家是法人

我們在第二节末了看到国家机关主权学說，由于以这种基础为根据的政治組織学說不能同实际政治相符，以致丧失信用的情形，我們现在反过来討論国家法人学說，这个学說是克服旧学說所遇到的种种困难的一种企圖。

法人学說早已在 1865 年由日尔柏(Von Gerber)提出了。在拉彭德(Laband)、罗辛(Rosin)、普魯斯(Preuss) 和杰烈涅克(Jellinek)之手，它变成流行的德国国家学說。① 这个学說认为安置主权于国家的特种机关內的一切企圖都是欺詐的，因为它們固执政治学中的一种自因推果的和演繹的方法。旧的学說，从主权是第一原則出發，想把这个概念运用在国家所不可少的"权力"的組織內。因此，国家是必須在若干种政府权力內表现的一个單位；这些权力存在于从一个單独的权力貯藏所得到权力的特殊机关。所以，那假定的东西是：以邏輯的計划为根据的一种阶级政治的政府組織，这种邏輯的計划能够使政府一切权力从国家观念产生。所以，政治学說变成如下的一种企圖了：确定权力最后来源的所在地，幷追寻权力从它的来源走到行使权力的最終机关所經的道路。

法律学說完全否定这种邏輯的計划，它承認政府所行使的权

---

① Von Gerber: "Grundzüge eines System des deutschen Staatsrechts", Ed. 1, 1865; Paul Laband: "Staatsrecht des deutschen Reichs", Ed. 1, 1876; H. Rosin: "Souveränität, Staat, Gemeinde, Selbstverwaltung, Hirths Annalen des deutschen Reichs", 1883; Hugo Preuss: "Gemeinde, staat, Reich als Gebietskörperschaften, 1889; Georg Jellinek: "Allgemeine Staatslehre", Ed. I, 1900. 克拉勃教授在"法律主权学說"第十三节里曾討論过这个国家法人学說。

力随时随地变更,组成政府的各机关是历史上的情形所造成的事件,因此,从邏辑的观点看来,多半是偶然的。沒有必须属于政府的职掌,因此,政治组织的研究是完全基于經驗的。但是,这种基于經驗的研究是受假定研究題目的單位的智力的需要节制的,所以,必须把国家看做一个單位,像杰烈涅克所說,这个單位是"必須由我們的自觉加諸我們的一种总合"。①

但是,这种必要的單位并不要求把权力集中在可以指派的任何人或机关;但是它指向在基于經驗的政府机关之后的一种單位。这就是国家本身——一个集合的人——最后的权力只属于它,并且它的存在只包含在它是政治的和法律的权力貯藏所这个事实内,政府的各机关——包括君主、或代議士会、或选举团——不过是国家的法人的人格所賴以表白意志和执行职务的机关罢了。拉彭德說过:"从根据公法見地把国家看做一个法人的概念看来,国家权力的所有者是国家本身……倘使这些最高权(国家的权力)不属于国家(有机的社会),而是属于国王、或国会、或二者、或国家本身以外任何可以料想得到的有形物,那么被看做政府最高权的所有者的国家的人格消灭了。"②

国家法人学說由于克服了困难,解决了确定主权地位的問題,主权并不和政府的机关相同。政府根本是和国家不同的,因为前者是許多官吏的集合体,而后者是包含社会或民族的政治狀况的一种假定的实体。我們立刻可以看到:主权的实質的或属人的狀况因此变成大大松淡了。主权概念起初認为是君主的固有性質,国家和君主差不多是不能够区别的。主权是他的必要的性質;君主是这种性質所依附的实体。專制君主政体消灭以后,这个性

---

① "Staatslehre", Ed. 2, p. 163.
② "Staatsrecht des deutschen Reichs", Ed. 4, Vol. I, p. 90. Quoted by Krabbe, "Rechtssouveränität", pp. 111 f.

質被分离了；它变成一种流蕩的形容字，找寻它本身所能依附的名詞。但是近代政府的一切名詞都拒絕它，或者不能够对它确立一种專利权，来显示实际的附屬。結果，除允許这个形容字为它自己設置一个名詞外，別无解决的方法。主权只存在于国家內，而国家不过是主权的化身罢了。国家的人格在这个性質內消灭了，因为国家本身，除被認为一种法律的或政治的实体外，没有实物。

但是，实际上，法人学說有比这种批評所設想的更重要的哲学意义。因此，我們应該注意：杰烈涅克幷不把主权看做法人的最重要的狀态。他在一个集合体能够实行它本身的意志——可以同它的成員的个人的意志相区別的——的权力內找寻法人的本質。这种集合体变成权利和义务的一种可能的主体，因此是一个法人。所以，無論那集合的意志是不是最高的，換句話說，握有主权的，他認为是不关重要的。国家的主要特点不是至尊無上，而是这个事实：它的权力是它——一个集合体——固有的，幷非其他某种法人委托給它的。因此，他断定有主权的和非主权的兩种国家，美国联邦成員是国家，因为它們是具有固有权的法人；但是它們不是主权的，因为它們的权力，虽幷非从联邦得到，但是在行使上是受联邦的独立意志节制的。他尊崇联邦制度，因此他放弃了国家的傳統性質之一：国家的权力是固有的和不可分的，但是不一定是最高的。在杰烈涅克看来，国家是权力而非主权所依附的具体物。显而易见，上述企圖迎合联邦国的事实的学說，是冒了过分考証的危险的。因为在近代社会內有許多实行自己的意志的集合体，我們不能够說这种集合体都从称为国家的特种集合体得到这种能力。我們將在下面討論几种最近的社团学說及其对于国家学說的关系的一节內談到这点。

国家法治学說，尤其是杰烈涅克主張的国家是权力的依附物的学說，是很重要的，因为它象征了观点上的一种巨大变化，这种变化在十九世纪后半部差不多影响了社会和道德哲学的各部分。政治学者证明主权和实际的人或机关相同的种种努力，不过是从前在一切社会科学內流行的个人主义的一种状态罢了。各种社会现象不得不附屬于特殊的人，这只是因为社会科学的种种假定不曾遺留下它們所能附屬的其他实在的有形物。社会的兴旺是分离的各个人的总幸福。义务是"为了幸福执行或省略任何事件所不可缺少的"。社会的各种目的是各个人的隐藏的自私，这些人或者因自私自利而有所作为，或者被联想所誘惑，相信他們的幸福是和他人的幸福相同的。国家和社会是許多个人的集团，这些人各为他本人的情感或意志的內在力所冲动，被屬于契约性质的种种关系联合起来，这种种关系只能由它們供给私人的幸福这个事实証明为正当。有人以为社会的种种关系幷不密切地参加个人人格的構成。由此看来，法律不过是在事实上能够把本人的意志加諸別人身上的那些人的意志，或者是經同意后得到管理別人的行为的契约权的那些人的意志罢了。倘使这个概念繼續流行，政治学說不能不繼續努力指出主权者，除非它預备承認它是完全渺茫的。

但是，倘使这些个人主义的种种假定被放弃以后——像它們在十九世纪后期被放弃或根本上变更那样——情形便不相同了。黑格尔(Hegel)哲学和英語民族內的新黑格尔哲学、法律和政治制度的历史的研究、生物学的进步以及比較适当的社会心理学的發生，都帮助产生社会集团的意識，这种社会集团不是指住在同一区域內的許多个人，而是其他事物。政治学受同一思想趋势的影响。自然权利学說和社会契约說，在法国革命后的反动期內被一扫而光了。放任的功利主义学說——它的主要假定基本上是相似的——甚而在公共政策的趋势显然开始改弦易張之前就受到了反对的批評，这种批評破坏了它的科学的主張。所謂"有机的"国家学說和有机的法律学說开始出现了，幷且在当时显然很有用处，虽然把国家看做一种有机体能够启示人心，也能够引入错误。倘使政治学必须使用类例，那么在国与人之间显然比较好些，虽然可以希望我們最后到了不使用类例去研究政治社会的实际狀況——一种社会的現象——的阶段，但是，为了我們的种种目的，只须指出法人学說是政治学說內社会主义化的趋势的极点就可以了——至少就这个学說在前世紀之末已經消灭来說。

此外，还有一个增加法人学說的力量的原因。它不但想避免把主权者看做特殊的人或团体的种种困难，并且强調国家权力的法律的性質。换句話說，它提出我們已經在民权学說內注意到的理想——一种权力的理想，这种权力不仅仅是一种任意的意志的表白。因此，英国政治科学家艾納斯特•巴格尔(Ernest Barker)先生曾說，国家的人格是使国家本身对它的机关的侵害在法律上負責的一种計划。① 这个学說主張国家人格的全部性質是法律的；它并不同法律脫离关系，它的行政法令或者不是任意的命令，但是必须在国家本身規定和維持的法律系統內实行。所以，这个学說曾强調它的德国的創造者所称的"法治国家"。拉彭德陈述这个原則如下："除以法規为根据外，国家不能够要求执行，也不能够課加束縛，不能够命令它的臣民，也不能够禁止他們"。② 奥吐•梅尔(Otto Mayer)同样坚持行政权依附立法权。普魯斯(Hugo Preuss)特別重視国家权力的法律性質。他仿效罗辛，把統治解釋为"人格的法定的从屬。"③ 集合的人格的意志"在法律上"高于其成员的意志。国家和人民的关系是一种法律的关系；国家对他們有种种义务，而他們对国家有种种权利。"如果把国家看做一种人物——换句話

---

① "The Rule of Law", Political Quarterly, No. 2, May, 1914 p, 117.
② "Staatsrecht des deutschen Reichs", Ed. 4, Vol. II, p. 173.
③ "Gemeinde, Staat, Reich als Gebietskörperschaften", p. 180; Cf. Krabbe: "Rechtssouveränität", pp. 114 ff.

說，看做一种法律的实体——的见解認为是解释国家的全部理論的基础，那么，即使在思想上它也不能使国家和法律分离了。"① 沒有其他能够比普鲁斯对国家任意創造法律的权力所提出的反对意見更明显的了。"在目前国家制法的时候，它不过说明存在于权力观念內的力量罢了；它宣告隐藏的法，而且幷不是無根据地制法。"② 但在事实上，普鲁斯对于国家及其人民的关系是一种法律关系的这种提法，幷不完全同意，虽然他断言这个提議是法治国家的重要原则。有时他主張部分天然地依附整个有机体，因此發生了这样一个公开的問題：国家规律是否就是法规。事实是这样的，虽然法人学说使国家的权力不像任何从前的主权学说那样严格地屬于个人，但是它不能够完全达到合法的国家观念。無論假定主权在什么地方——卽使除宣告法律外沒有其他职务的一个假定的人的主权——法律因宣告而制定这个解釋容易引起爭辯。普鲁斯曾申辩：国家和法律是同样的。但是，这是不是因为国家宣告了隐藏的法或者因为国家所宣告的是明白的法呢？后一个见解显然是法人学说所想避免的，但是，在另一方面，如果法虽隐藏但已經是实在的，那么，被認为法的宣告者的主权国的重要性在什么地方呢？或者用另一种方法陈說因难：如果国家和个人間的关系不过是部分和整体之间的关系——类似一个有机体及其分子間的关系——那么如何保证这个关系是一种法律关系，或者保证节制将由法规表显出来呢？这个困难索连到主权概念本身的根源。一个主权者只能够說是一个人，这个人是本来有权力的，他的意志——只因为它是他的意志——具有統治权。在邏輯上，这个事实不能够被另一个事实，卽有主权的有形物是一个法人，所变更。但是，如果因为法律从一个本来有权力的人發生而有权力，那么这个人仅仅頒

---

① "Gemeinde, Staat, Reich als Gebietskörperschaften", p. 202.
② Op. Cit., p. 206.

布法律这句话不过是一个同样的意见罢了。霍布士早已說过：法律是主权者的意志，而主权者的意志是法。但是这句话断然不是法人学說所要說的。它的全部要点是：在近代国家內，法律不是意志的命令，而是一种法規。

在杰烈涅克的法人学說的最后陈述中發現关于重要原則的看法也是同样模糊不清的，他以为国家具有一种"实施它自己的意志而反对其他意志的固有的、原始的、本来的权力"。但是，他企圖証明国家实施强迫的权是为法律謀利益所不可少的。的确，他坚持兩个問題是一致的；国家的权力的基础和法律的权力的基础在本質上是一个。但是这种辯論显然是循环的。国家的固有权是法律效力的基础，同時証明它是維持法律所不可少的。行使权力的权必須假定存在于某一地方。如果它事实上存在于国家，那么依頼法律来証明它便沒有道理了。在另一方面，如果法律本身是有权力的，那么便沒有假定一种屬于国家的最后权力的必要了，因为国家行使的权力必須从法律产生。

克拉勃敎授在其早期著作法律主权学說內对政治学說問題进行的攻击就是这一点。在主权学說的全部历史內——包括法人学派关于主权学說的最近敘述——克拉勃敎授發現重要原則的二元論。一方面，承認国家权力是一种重要的原則。国家統治人民被認为是它本身的重要性質內所固有的。因此它的統治权被認为是当然的。說明这种統治权的理由是找不到或者不必找的，因为权力是屬于国家的。这是下述原則的一种簡單的推論：法律是由各机关表白的国家的意志，这种机关是国家为了这个目的而創設的。从这个見解产生的政治学說，至少具有前后一致的性質，幷且事实上这种学說从前已經存在了。但是，即使在君主專制政治盛行的时候，这种学說幷不完全符合事实，因为，我們已經看到，統治者事实上幷不具有随意变更慣習法和私法的能力。在近代，立宪国家倾向于坚决反对主权学说所含有的任意的自由意志的行使。所谓国家的机关——政府的各级官吏和各部分——日益从法律得到他们的权限。他们是依照法律规定的方法选派的；他们行使的权力是由法律规定的，并且他们在法律下对他们的行为负责。政治思想家——包括创造法治国家学说的那些人——明白事务上的这种趋势，并希望使公务上的行动变成合法。因此，他们逐渐倾向于采用这种主张：国家本身受法律拘束；它只能够依赖法律，由立法，或者由依法采取的行动，表示它的意志。但是，这个见解把法律本身提升到政治学的最重要原则的地位了。国家必须依法统治，虽有人以为法律的所以有拘束力，因为它是国家固有的权力意志的表示。国家产生法律，但是它的机关是法律的产物和仆人。在两种论据都成立的时候，矛盾是明显而难解决的。法人学说尽量排斥个人权的要素，但是它不能够完全避免主权学说的这种含意。如果法律的权力和国家的权力是一致的——例如杰烈涅克所主张——那么唯一合理的论据是假定法律是天然有权力的，因为它的道德性质具有一种正义规范。从这个见解看来，国家本身是法律的产物。它的各种机关由法律产生；它们行使法律规定的各种权力；这样行使的权势是法律授与这些机关的一种权势。这就是克拉勃教授所主张的论据，名为"法律主权学说"。

四　法人的人格

其他学者从另一方面得到的结论和克拉勃教授的很相似。事实上，法人学说已经证明是一种双锋剑。经它的创造者设计除去了国家机关主权学说的种种困难。它含有一种威吓主权学说本身的观点的种子。我们已经从杰烈涅克看到，这个学说重视集合的或有机的国家概念，以及所谓部分对于整体的"天然"从属，而不很重視集合人的至尊無上。這個辯論的本質是：集合的人天然具有某種程度的权力，幷且這種固有的权力使它成为一个国家。這個辯論假定：国家在這方面是無比的，法律的权力最后存在於其中，而不在其他集合体内。假使国家不是一个"自成一类"的集合体，那么用法人学說辯护主权是徒然无用的了。許多証据反对這个假定，幷有許多权威者反对它，這种反对構成主权学說的最大障碍。

這个問題是奥安·基尔克(Otto Gierke)敎授在德国公司法("Deutsches Genossenschaftsrecht")中关于法人法律学說的詳尽討論引起的。這部著作完全打破了法人是"虛構的"的傳統学說，这种法人只在国家給与人格的时候才具有一种法人的自我認識。基尔克敎授証明：這个学說是法令大全貧乏的本文的注解者和法典家的产物。它最初由尹奴生特第四(Innocent Ⅳ)明白表示出，他在1243年成为敎主，幷在敎会与皇帝間發生冲突时利用它。大礼拜堂牧师团体和宗敎职位的众多使不得不决定它們的地位，希望它們的权利可以得到保护，明确它們与敎会的关系。这种团体將被称为人，但是他們的人格是虛構的；它是一种"法律上的名称"。除了人，或者自然人以外，法律承認若干种虛構的、假定的、或法律上的人是种种权利的主人翁。

但是，这个学說同德国法人生活的充分發展相冲突，而且意大利化的罗馬法在德国幷不占优势。在牛津和剑桥兩大学講授罗馬法以后很久，"非学校的戶外的口逑的傳說"还存在着。但是，在十五世紀，罗馬法的接受终于使法人学說也为一般人所接受，虽然它同法人的自足的若干事实不相符，但是它在十九世紀末叶以前，不但在大陆上，而且在英国，仍旧是公認的法人学說。只在爱契霍恩(Eichhorn)和格里姆(Grimm)領导下的德意志学派兴起之后，才开始大大怀疑它。乔治·裴賽拉(Georg Beseler)——德意志运动的領袖之一——在攻击薩維納(Savigny)的罗馬学說的时候說："你們永远不能够强迫我們德意志的团体遵守罗马制度；我們德意志人从前有，現在仍旧有你們的思想以外的其他思想。"① 但是，第一个明确指出这个学說的历史来源并証明它不充分的人是基尔克。

西方社会的特点是常常有为种种目的而存在的許多团体，有时經国家公开承認，有时則否，但是它們全体构成个人間的許多社会关系。就大小說，这种关系常常比近代国家内公民权直接包含的关系，在个人生活中，占有大得多的地位。因为近代国家的大小，公民权不免成为一种多少普及的和非人的关系，虽然有强有力的意見可以做它的后盾。有效的社会关系主要在团体内而不在国家内。不但这样，謹慎的社会研究者都明白，这种团体的数目和重要在过去五十年內大大地增加了。联邦政府本身——被証明是依照近代工商業关系所需要的規模形成政治組織的唯一可能的方法——的發展是地方团体活力的証据。各都市面积的迅速增加是一个显著的社会現象，但是純粹面积的增加，不如它們的职务的大大增加的重要性、权力扩大的范圍以及面积所具有的权力的独立，那样重要。目前更特殊的情形是：因为經济和社会目的——非地方性質的——而組織的团体的数目众多，而且正逐漸增加。資本和工業的單位，不但体积扩大，并且它們合作的效力也增加；它們已經扩大組織，不但遍及全国，而且越出国界了。劳工組織不得不实行一种同样的扩张，以便發展力量，对付雇主的組織。这些近代团体也并不是常常以經济为目的。它們的目的是多种多样的，而且規模不同。它們的根本条件是公共利益的意識。凡是存在这种意識的地方，就能够产生一个团体，这个团体只被利益的多少及其能喚起的忠心的程度所限制。这一类团体是一直存在的，但是在目前，他們的极度扩张是最重要的欧美文明的一个社会实况。

---

① "Political Theories of the Middle Age", English translation and Introduction by E. W. Maitland, p. XVIII.

这些集合的單位當然不只是彼此具有一种类似契約的关系的个人。团体本身有它一致追求的种种目的；它有一个决定的政策，任何个人都不能随意变更。它的集合的性質同个人的性質一样固定。它能够主張集合的权利幷能承担集合的义务。总而言之，它也具有和个人的意志或人格相同的一类精力和慣性。这种团体是实在的法人，宜于享有法律的权利和执行法律的行为。不但这样，国家赐与特权旣不产生也不根本上变更这些集合人的本性。無論它們是在限制的和人工的法律意义范圍內組成法人，它們願意居受托人地位保有它們的财产，或者自己組成商行，都是一个法律上的專門名稱，对于它們的实际性質毫無关系。它們的效力有赖于联合它們的成員的社会的拘束，幷且有赖于人类天性对于一种团体生活的需要。国家不能够制造它們，它不能够常常消灭它們。它可能承認它們，但是在承認的时候，它只是承認事实上存在的但幷不因承認而产生的事物。

这个学說对于政治学的重要性首先表现在与国家法人学說幷列的时候。而首先引起英美学者注意这一点的则是梅特蘭(F. W. Maitland)敎授所譯的基尔克著作的一部分，这部著作在 1900 年出版，書名是中古时代的政治学說("Political Theories of the Middle Age")。梅特蘭敎授这本小册子的序言是普遍討論主权的基础，这种討論标志着政治学說上的一种新趨勢，这个近代法人学說的重要建議的概念如下：国家本身只是一种集合人。梅特蘭說："似乎是一个屬(genus), 国家和法人是它的种(species)。它們似乎是永久組織的人类集团；它們似乎是集团单位；我們似乎把种种行为和目的，种种正道和錯誤归諸这些集团——这些单位。"① 因此，国家人格的原則完全得到承認了，但是有人說这不是国家的特性。它是由一种耐久的社会契約結合的每个人类团体的自然屬性。沒

---

① Op. Cit., p. IX.

有其他各种人类团体所由产生的单独的法人——国家。许多法人在组织的严密、节制成员的程度、存立时期的长短和目的的重要与否等方面各不相同。事实上每个人都是这类集团的一分子，这种集团并存时几乎毫无关系，或者有时因为个人的忠心而变成竞争者。道德和法律问题多半是调解这种团体的冲突的要求和利益的问题。这个学说成为主权学说的解释物，因为国家——其他法人之一——的要求何以必须高于其他一切法人的要求是难于理解的。

約翰·納維尔·菲吉斯(John Neville Figgis)教授在他所著近代国家的教会("Churches in the Modern State", 1913)以及哈劳儿特·拉斯基(Harold J. Laski)先生在他所著主权问题("Problem of Sovereignty", 1917)和近代国家的权力("Authority in the Modern State", 1919)两部著作内都特别重视新学说的这方面。前者主张教会有自治权；后者把同样的权力推广到经济团体，例如工业人员组织，这种团体具有不依赖国家的法人的人格。它们和国家是属于同类的，并且同国家一样，它们的存在是正当的，因为它们满足不可免的人类的需要。因此很容易得出下列结论：它们具有国家不可侵犯和国家不能剥夺的种种权利。

如果以为这只是信仰自由的旧议论的新方式，从而所提出的要求只是希望一种道德上的自决权，那就是一个绝对的误解了。这种议论也不是自然权利学说的重提，在这种地方，权利属于一个团体，而不属于个人。这种议论假定由国家放弃主权，换句话说，要求固有权力的独占，在法律上完全不受一切外界的节制，并且在法律上完全管理内部的事务。法人的权利——即使反对国家——认为是合法的权利。一个社团是一个法人，意思就是它的人格——权利和义务的主体——是经法律承认的。在这方面，国家也和其他团体一样。它也是一个法人，因为它被法律所承认。而它的权能是从这个来源产生的。所以，国家不在法律之先，但是同其它法人一样,是依赖它的。因此社团人格学说同克拉勃教授从其他途径得到的结论是一致的,这个结论就是:国家的合法权力是从法律得到的。这一点是非常重要的,因而必须进一步加以研究。

五　国家和法律

首先应当消除关于国家受法律拘束这句话的误解。表面上,这句话好象是一种言語上的矛盾。凡立法者——称之为君主或其他都可以——在立法上不受法律限制。这个意见是不能够否认的,因为事实上它是一个明显的眞理。主权的著作家对它过分注意。因为就法律和国家間的关系说,它不曾解决什么。它幷没有談过法律的来源,它的拘束力,或者它能够或应該节制統治机关的行为的程度。它和关于这些事情的任何学说都相符。这个问题是有关政权理論的,因而不能由一种明显的眞理解决。

在另一方面,法律是一个本来具有权力的君主的意志这个假定——有时托庇于上述明显的眞理——事实上完全是另外一件事,它說法律从一个法外的意志得到拘束力。德国人根据这种观点企圖得到一个依賴自决政策的完全法治的国家。君主将把依照法规做事和遵守法律的义务加諸本身。但是常常有人指出,自决完全不是决定,我們已經看到,近代政府有一种逐漸用法规节制它們的行动幷逐漸限制統治者的純粹武断的意志的趋势,这是一个明显而非常重要的事实。但是,从任何观点来看,訴諸国家的自动限制,不是这个事实的說明。这种說明只是重提事实;它把事实本身看做它自己的說明。因为,如果法律本身是国家的意志,那么沒有理由可以说明这个意志何以在法律內表白出来,或者同法律相适合,而不用其他方法。

事实是这样;如果不进一步深入,这个問題便無法討論。实际的問題是：能否把国家看做一种君主的意志，能否把法律看做一种意志的表白。我們必須承認法律从一个君主的意志得到拘束力这个假定代表一种法律概念。由此看来，法律是一种命令——一个意志發出幷給另一个意志的一种命令。这种学說完全强調了法律的一方面——限制下級意志的命令性質。不但这样，在这种法律观点之后，存在着一种社会的概念。社会被看做是許多意志的一个集团，每个意志找寻它本身的目的，幷且需要由监督和管理使它同其他意志相調和。主权学說不說明命令的內容。唯一的問題是：它是否从一种正当的来源發生；从一个有权力的来源發生的命令"是"法律。唯一的問題是关于承認某种意志具有权力的那种方法。因此，各种主权学說只是关于决定正当地發出命令的来源的方法才有差別。或者用另一种方法說明这个問題，如果法律是国家的意志，国家如何得到在拘束它的臣民的命令內表白它的意志的那个权力呢？

虽然主張权力有一种神异基础的各种神学的主权学說从前居重要地位，但是现在我們可以不加討論。或者經典的学說——甚而經典的自由主义学說——是同意政治学說（Doctrine of Government by Consent），这个学說在各种契約內說得最明白，我們应該注意，这种学說虽普遍地为政治学家所反对，但是实际上包含在目前仍旧流行的民权学說內。所謂民治——自治——在用来辯护权力的强迫施行的时候，根本上是和同意政治相同的。这种学說，無論如何隐藏，也相当于一种社会契約說。幷且同契約說一样，同意学說是一种純粹的假定，它至多是坚持权力不应該是任意的一种拙笨的方法，但是实际上，它甚至不提出决定何种权力的行使是任意的一种方法。照约翰·史托特·密尔（John Stuart Mill）和十九世紀中叶的其他自由思想家的看法，普通所說的同意学說，或許是与少数人的权利受到最严重的侵犯相同。事实是这样：同意学说企图做不可能的事。它企图把一切政治的义务看做自愿承受的，因此承认它们是个人用自己的行为拘束他本人的某种东西。现在已无需争辩来证明这是表明各种政治和社会关系的一种完全不适当的方法。

但是，我们应该注意，就有关法律的性质和实施法律的社会的一种假定看来，同意学说只能够采用一种方法。我们应该注意，这个假定和我们已经指出的主权学说所特有的假定是相同的。社会被看做是许多意志的集团，法律被看做是约束意志的许多规范。

如果缺少最高意志的某种神异的保证——例如君主神权学说所提出的保证——一个意志拘束另一个意志的权利，除了用同意外，怎能辩护呢？这个学说不能够求助于规范内容所有的价值，因为我们已经看到，主权学说轻视规范的内容。假使它们从一个具有权力的来源产生，它们是具有权力的，但是，在意志的性质内，根本没有什么东西能够为一个意志拘束其他意志的权利，而辩护除了每个意志自愿承受义务这个假定外，没有方法使这种拘束免除专断的恶名。

因此，主权学说和同意学说构成法律和社会概念的两方面。在它们中间的确存在着一种明显的冲突，因为前者坚持国家的绝对的权力，后者坚持个人的难以取消的权利。这就是白哲斯（Burgess）教授所谓的自由和主权的矛盾论。但是，就二者都采用同样的观点说来，这种冲突是明显而不实的。主权学说主张必须对于意志加以束缚。同意学说坚持意志必须自由。个人自由的拥护是和最高命令权的拥护相关的，个人自由主义——至少它的传统的形式——就是个人的意志必须保持残余的决断，否则，它不能够保留人格所应有的尊严了。由此看来，法律的观念变成康德所说的观念了，就是：维持一个容纳自由的合理的意志的制度④。这种意志,虽在内部被它自己的理性束缚,但是外部是自由的。因为它有一种随便做事的没有节制的自由。自由不包含在所做事情内容或价值内,而是在意志本身的无节制的决断的事实内,或者像有人说的,在"无政府的范围内"每个人应该保有一定的范围,在这个范围内他可以自由行动。国家将保持他的国界,不受侵害,但是在规定范围内实行的决断的内容,只是个人的事情。国家并不要维持实际成就的任何种类或任何程度的条件。个人是他所要找寻的种种满足的唯一判断者;危险是他的,好处也是他的。国家只负责保持个人的自由范围,在执行这个任务的时候,国家的意志同在自己范围内的个人的意志一样不受节制。个人的各种权利和国家的权力彼此相关,成为同一范围的内外两方面。实际上,这个见解是从重视契约和财产权发生的。

假使对于最高意志的假定或个人自由和同意政治的理论内包含的社会和法律有关的假定是无可置疑的,那么讨论这些学说便毫无用处了。假定社会是许多意志的集合体——每个意志由它本身的内力推动——那么,除掉霍布士明白看到的一种强制力外,没有调和的原则。假定承认这个强制力对于个人意志是正当的,那么只有他承认它的节制,才能认为正当。因此,从这个观点看来,最高意志学说和同意学说是不可免的。这两种学说都是假设的,这一事实只是反映它们所依赖的社会和法律见解的不适当。同各种广泛的概说一样,这个见解并不片面,也不是不实。它发展了关于社会的一种状态和法律的一种作用的政治义务学说。它的历史是一种逐渐衰败的历史,虽然这个问题的其他各方面在政治学

---

① 关于十九世纪法学观点的流行,参看 Roscoe Pound: "The End of Law as Developed in Juristic Thought", 27 Harvard Law Review, p. 605; 30 Ibid., p. 201. 参看 "The End of Law as Developed in Legal, Rules and Doctrines", 27 Ibid., p. 195。

說內已出現。同时，政治演进本身的趋势是这样的：个人自由观念或权利主张已逐渐不是立法的指导了。

在契約說本身的范围內，我們在盧梭关于一般意志和大众意志間的区别中已經可以看到：把政治团体看做只是許多意志的集合体的見解站不住了。一般的意志只是一个名义上的意志；实际上它屬于一个有异于个人的意志的种类。这个论点在称为"有机体的"国家学說內說得透彻，在国家是一个法人的学說內更透彻。在这一类学說內，个人的节制，不由他的同意而是由整体根本上高于部分来証明。个人屬于社会制度，而他在道德上的成就則有賴于他在这个制度內找寻一个地位。他的人格主要是他忠于比他本人更大的事件的結果。他幷不是天然和本来就是权利的主体，而是在整个社会內得到一个地位以后，变成权利和义务的主体。因此，权利和义务是相对的，是有双重意义的。权利需要社会的承認，沒有一个人是天然有权利的，也不只是因为他要求权利就有了权利，而是因为他的要求得到了别人的承認以后才有权利。一个人的权利包含另外一个人的义务。但是权利和义务，因为二者包含享有它們的人所应尽的一种社会責任，所以也是相对的。补充社会中一种認可的位置和接受这个位置的各种責任的道德力，是使一个人成为权利或义务的主体所不可少的，假使义务必須尽，权利便不能够保守。个人所有的一切——权利和义务——是社会性質的。他不能够逃避他在其中过个人生活的社会关系之網。权力不在他的外面，而是他自己人格的条件之一。

权力的这种解釋——主要是以黑格尔和新黑格尔哲学为根据①——产生一种新而根本不同的政治社会观念。社会不再是許多

---

① 代表作可以說是 B. Bosanquet's "Philosophical Theory of the State", Ch. VI. Cf. also F. H. Bradley, "Ethical Studies" Essay V, "My Station and its Duties".

意志的集合体，而是許多合作部分或机关的体系。因此主权是全体的财产。沒有一个部分賦有命令权，但是因为个人的重要和价值有頼于他对整体的关系，所以这个整体有一种高貴的价值，个人認为这种价值是評估自己的目的和行为的原則。所以，意志並不受其他意志的抑制。个人反复和任性的节制——这是不能够和社会生活分离的——是达到个人人格發展所要求的整个夢想所不可少的一种方法。

以上概括叙述的学說是很重要的，因为它产生一种任何政治义务学說所不可少的观点。它打破了从前的个人主义学說所想像的人格的堅固碍性。事实上它是亚里士多德的原則——人是天然生存在政治社会的一种动物——的再现。他的社会关系对于他不是偶然的，而是他本人人格的經緯的一部分。这种概念——或者它的相当物——構成任何学說必須从而考慮政权問題的观点的一部分。同时这个学說的范围过于籠統，不能够給我們更多的观点。第一，它論及社会整体而不特別論及国家。它过分輕易地把国家看做是控制一切的社会集团。假定社会关系不能够和个人的福利分离，那么为什么国家是最后的有权力的集团和其他一切集团的仲裁者呢？这个学說並沒有答复菲吉斯教授和拉斯基先生所提出的問題，我們可以說它过于依賴希腊的經驗。近代民族国家和希腊城市国家是不同的，这种城市国家不但支配政治关系，而且还支配公民的宗教和道德經驗，这种支配的方法不是近代国家所能实行的。第二，我們应该注意，这个学說並沒有特別陈述法律概念。它对于法律的主要特性是它的命令或强迫的性質这个建議，並沒有提出疑問。因此，像蒲山葛（Bosanquet）教授所說，"国家……必須是武力"。① 的确，它提出一种为强制而辯护的新方式，但是这种辯护仍然用属于意志的一类辭句表示，虽然这个学說承

① Op. Cit., p. 152.

認意志不是像旧学說所假定的那样簡單。"眞正的意志"("real will")和"实在的意志"("actual will")①間的区別包含法律性質的各方面，这是把它看做一种优越意志的表白的概念所不能够充分討論的。

关于国家权力的第三类学說是由更直接求援于社会組織的那些学說构成的。在这些学說所采的各种方式中，狄驥(Léon Duguit)教授的各种見解可引为例証，这一类学說，根据支配人类社会組織的社会学原理，說明統治者的正当权力。狄驥教授以杜克哈姆(Durkheim)的分工原則为起点，以为社会的团结构成拘束一个社会的一切分子的客观法②。这种客观法要求：凡能加强团结的一切事物必須实行，凡有損团结的一切事物必須避免。作者用这种方法得出下列結論：国家受法律拘束，因为那些統治的人，同团体的其他成員一样，受客观法的制裁。在他看来，国家和实际行使政权的人沒有区別。的确，这种政权只是一个事实罢了；虽然它在增进团结的目的的时候受到正当的使用，但是它沒有辯护的理由。因此，按照这个見解，人类的种种需要产生若干种永久的制度，为滿足这些需要起見，必須維持这些制度。这种客观的社会組織需要若干种行为并排斥其他若干种行为。为了使团体的生命継續不断，必須継續若干种事業。在統治者执行这些事業的时候——在现代社会內有更多的事業必須受政府管理——客观法的义务严厉地加諸政府，也加諸私人。一切都受法律制裁，这种法律要求保存社会組織。普通所謂的法——立法部的成文法、法院的判决和行政官的法令——只是客观法的一种表示，它从这个事实得到它的权力。

① Op. Cit., Ch. V.
② "L'état le droit objectif et la loi positive", Sect. 182 ff. Translated in "Modern French Legal Philosophy", pp. 258 ff.

当我們詢問这个学说如何解决一个完全合法的国家的问题的时候，我們看到它提出一种怪論。这种怪論存在于下列事实里：虽然实体法得到拘束力是由于它是一种团结的方法，但是作者并不承認这是統治阶级行使权力的辯护。統治者行使一种实际的权力，是由于他們在智慧、道德、数目或經济等方面占优势；在一切社会內，有些人因为这种或其他理由，能够把他們的意志加諸他人身上。这不过是一个事实；它常常是眞确的并且将来永远是眞确的。但是这忽略了下述的要点，就是：近代国家內的权力多半是法律的权力。行使这种权力的人是按照法定的方式选派的，他們的权力是由法律規定的。甚至狄驥敎授自己也重視官吏执行任务的法律責任，并且重視保护私人使他不受任意的和法外的干涉。① 但是，假使法律的要求是保持团结的方法，那么就很难了解官吏的权力在这些法律之下为什么只是法外的力量的表示。这种怪論实际上造成了一种社会学学說的困难。它在客观法和实体法之間留下了一个裂痕。因为它存在于我們的法律內，并且存在于人类对于正当的和不正当的或者合法的和不合法的行为所抱的信心內。無論如何，再沒有比下列情况更明显的了，就是說，法律的制定和行使一部分是被社会团结的意识所推动。团结是一种社会学的概論，表示关于各种社会团体的一个事实以及这些团体制定的各种制度和法律的一般趋势。但是，从这个事实到这个事实表現于实际的法律和实际的制度，是有相当長的距离的。結果，这个学說不能得到所追求的目的，就是不能說明：近代国家不是靠社会科学的原則而是靠实体法承認而合法的。为了說明这一情况之所以可能，我們必須更进一步硏究法律观念本身。

---

① "Law in the Modern State", Ch. 11. English translation by F. and H. Laski.

六　利益是法律的目的物

狄驥教授在社會學方面的學說，事实上并不是他对于法律观念和法律权力的分析的最重要貢献。他的主要任务是發現主权学說过于忽略的一种法律狀态。狄驥教授認为，法律的作用是組織許多公共事業并使它們繼續不斷地运行，这种公共事業是社会生命所不可缺少的，并且假使沒有公共的权势，它們就收不到同样的效率。他对于選擇出来特別重视的政府的情形进行了一种相应的改变。政府不是各种权力的集合体——像当法律的命令是最高的时候必須这样設想的——而是組織和管理公共事務的各种机关的集合体。例如：敎育是这种事業之一。在现代情况下，公共敎育大部分已經变成政府的一种职务。学校制度必須推行，供給从幼稚园到大学的各种敎育。相当的敎职員必須任用，建筑物和設备必須准备；經費必須籌措；整个制度的計划、它的課程，以及它同团体的工業、社会以及智力生活的关系，必須規划。敎育立法的目的是創設和管理这种制度。大部分近代立法依照同样方法創設其他类似的公共事業。鉄路系統必須执行职务，或者为私人所有，但是必須受公家监督，具有信用担保，并且需要制定劳工政策，使它有相当的效率。銀行制度必須加以监督；公路和桥梁必須建筑和通行；衛生章程必須实施，公共衛生必須保障；工厂必須檢查，劳工立法必須执行；市营的自来水、煤气和發电厂必須經营。这种种事業的名單可以扩張到最大限度，因为近代政府的现象再沒有比政府被迫解决各种社会和經济問题的程度更明显的了。狄驥敎授对于政治学說的最大貢献是：他明确地指出了这些新問题对于政府組織的影响。

在注意这种种目的的法律內——大部分法律都討論这种問题

——国家的强迫或命令行为显然不是最高的。强迫当然是有的。学校法所以是强迫的,是因为它可以包含课税,并且它必然是对官吏,或者或多或少地对父母或公立学校的学生是一种训令。但是,这不是它的唯一要点,也不是它的特点。有些公共事业事实上简直并不含有强迫性;一个都市可以生产电力,而不要求任何人都购买。由此看来,法律是公共政策的一种表示,是一种关于社会希望必须实行的方法的决定。它供给大众感觉的公私性质的种种需要。教育制度的目的在于满足个人对于教育的需要和社会对于受过教育的公民的需要。从这两方面来看,教育是不可少的,并且教育制度是实行这种任务的一种公共机关。在实行这种任务的时候,强迫是一种偶然的事——在有些时候无疑地是一种不能避免的偶然之事,但是仍旧不过是一种偶然之事罢了。所以对法律的命令性质特别注重,是由于常把刑法看做一种范畴。结果,政府被看做是最高的权威,因为警察任务——维持治安的职掌——被看做是政府的主要任务。狄骥教授学说中最新奇和最开明的特点是这种观念:公共事业的执行是范畴。从这个观点观察,罪恶的消灭以及公共秩序与和平关系的维持都是公共事业。这些公共事业的性质比教育或铁路运输的管理重要,但是在现状下并不比它们更必需。

在上述把国家看做公共事业的集合体的见解之后,法律观念本身有一种极大的变更。法律的目的不能再认为主要是维持权利了。我们已经看到,这种见解的根据是把社会看做许多意志的集合体的那种观念,每个意志在运用自由决定的最可能的方法时,应加以保护。从另一观点观察,社会是一种制度,在这个制度内,必须经常进行若干种服务的交换,法律是达到这种目的的方法。有些事业必须举办。在这种社会里,个人是事业的主体,不是权利的主体。事实上,他的权利不过是法律保护和认可的各种事业之一。伊贺林(Ihering)所提出的关于权利是法律保护的事业这个定义①一般認为是观点上的一种非常重要的变更②。为了明白观点上的变更对于法律性質学說的关系，確切了解这种变更是很重要的。

利益概念的基本观念是共同享受某种財产或利益的观念。在这种意义之下，我們講到一种事業或一种財产內的利益。在另一方面，在逑及一个人注意他要求共享的价值时所具有的心理狀态的时候，这个字有一种主观的意义。例如說一个人參与一种事業，意思不但是这个人实际上享有它的一部分，幷且他注意它或者覺得它是一件重要的事。这个字的这种用法普通应用得很广。利益不但指实物或者能够用金錢估价的事物的共有权，幷且也指幷不含有所有权问题的無从捉摸的事物。例如說一个人关心政治問题或者关心文学，或者关心运动。但是，在上述种种情形之下，有同样的根本观念。所論及的事物，在有关系的人心上引起一种特殊的心理狀态；它同他的行动或判斷有关；他对它有一种共有权，因为对他来說它是一种至少有重要价值的事物。他注意它。它吸引他，或者可能拒絕他；無論如何，它不是無足重輕的，但是在他的行动內，或者在他的思想內，引起某种反应。因此可以看到，利益的意义是双重的。常常有共享者和被共享者。有私人的或主观的方面，因为引起某种反应；有外部的或客观的方面，因为常常注意到利益以外的某种东西。这种双重的性質使利益的概念帮助認識有法律存在和發生作用的社会。

所以，我們容易看到，利益概念是用来破坏在历史上屬于权利概念的独特性的。一种权利似乎是严格地和唯一地屬于享有它的

---

① "Geist des römischen Rechts" Sect. 60, Ed. 4, Part III, p. 339.
② Cf. Roscoe Pound: "The End of Law as Developed in Legal Rules and Doctrines", 27 Harvard Law Review, p. 226. 这种运动主要發生在今天各国的法律內。它的口号是滿足人类需要，似乎把牺牲其他要求滿足人类要求看做是法律的目的。

人，并且似乎隐含不許他人享有它范圍以內的一切。在另一方面，一种利益是一个共享，并且含有其他共享者的意見。享有者的数目并無限制。这种共享当然可以是某种財产或价值的可分的一部分，但是它不必这样。共同享有的价值可能是这样：它能够由無数人共同享有，但共享的价值并不因此变小或变少。一种利益不因为別人有相同的利益而减少。因此利益概念破坏着历史上屬于权利概念的自己主义者（Particularist）的含意。它立刻超过了看做一种所有物或者一部分財产——只有他人不許享有的条件之下，才能被一个人享有——的有用物的观念。它提出一个明显的事实：許多利益能够無限制地共同享有。这个事实的接受消除了承認各种利益——不像財产那样可以捉摸——的一个大障碍。一个劳动者对一种仅够生活的工資所享的权利，是一个非常含混的观念，法院或立法部都不能够妥善保障。整个社会对于社会全体成員維持最低生活水平的关心，是一个容易了解的观念，但是实际上不易实现。从重視財产权一变而为重視所謂"人权"，事实上是承認：法律的目的在于保障利益。

利益概念从另一方面也趋向使思想摆脱自己主义的牽連。一种权利是一个人的屬性（attribute），但是一种利益可以比享有它的人更大、更永久。权利概念是主观的；利益概念——我們前文已經說过——永远是客观的。它允許个人变成超越他本人特性的某种事物的共享者。人們毫無疑問地会感觉一种利益，但是一种利益并不只是一种感觉。因为一种利益是一个共享；它不能够單因为有人感觉到它而用尽。必須有感觉所能依附的某种客观事物。贊同某种团体——例如政党或敎会——意思就是承認：这个团体的目的是人本身目的的一部分。所以，这个团体代表一种永久的和客观的利益，个人使他本身暫时成为这种利益的一部分享有者。利益概念——胜过任何其他概念——达到避免愚笨的主观主义的目的。这种主观主义把人看做自制的，一个纯粹私的自我（private self）为他自己的感情所包围，并且希望得到他自己的幸福。被看做利益主人翁的人，必须同他的环境接触。他参与周围的一切，正是因为他的利益必须使他有新思想。因为同样的理由，保持利益的目的把一种不能单靠保持某些社会关系——例如契约自由——履行的义务加诸法律。利益是人类所由造成的原料。一种利益的满足常常是一件积极的事业，由它所及于各个人类的目的和成就的实际效果判断。行为可以有自由意志的形式，然而境况可以没有值得成就的目的。在这种情形下，利益并不因为有合法的自由而保持。国家至少必须维持成就的最低限度的条件这个见解，是把重视权利改为重视利益的又一例证。

利益概念不使个人只成为某种社会总体的一部分，也是利益概念的好处。它避免社会和有机体间的类似阻碍，并且避免社会和一种优越人格间的类似的阻碍。后两种学说必须保留类似，然而类似是危险的。社会有机体学说或者法人学说不能够代替社会事实的直接研究，或者在适合这种事实的特性的种类内叙述这个事实。利益概念确有这种价值。一个社会团体不是一个有机体，因为它的分子不是器官。它不是一个人，因为一个人不是由其他的人构成的。一个人类社会的成员是人，永远不是别的东西。因为是人，他们加入这个团体，因为这个团体把他们能够共享的某种必须品供给他们。久而久之，这个团体的力量必须依赖它唤起成员效忠的能力，如果在另一方面利益使个人产生了新思想，那么利益常常使个人成为他很重视的某种东西的共享者。共同享有必须是两方面的；共享属于某人，虽然它是它的享有者以外的某种东西的共享。人和团体间的这种关系是特殊的。它是属于日常知识的一个明显的事实，企图把它列入其他事实的种类内，必致引起混乱。假使不作这种企图，事实本身不会自相矛盾。

英譯者序

法律的目的在于保障利益,承認了這個見解以後,就大可不再討論下述無謂的問題了:立法是"社会主义的"还是"个人主义的"?是为了团体福利还是为了个人福利?很明显,沒有一种学說能改变这种事实:有些利益同其他利益冲突;重要的问题在于任何种利益牺牲得愈少愈好,假使有些利益必须牺牲,那么就选择比较不重要的。但是一切利益都是社会的和个人的,再沒有比这个更明显的了。过去关于人性中利己和利他何者比较重要这个问题的辩论,是毫无用处的。一种利益本身,既不是这种事物,也不是它种东西。使人关心的就是事物本身。利己主义变成这种愚笨的假定:一种利益永远是某人的利益。利他主义变成愚笨地找寻一种沒有人关心的利益。

总而言之,一个人是利益的主人翁,而这些利益是很多的。他的利益使他同其他人和事物接触。但是,他的利益仍旧是他的,这些利益的原动力——就他說——是从这一事实发生的。某些动机或目的打动他。同时,他所关心的一切大半是在他本身以外的。他是几种具体的目的的共享者,这种目的必须同有些人合作并抵制别人的反对,才能达到。他的利益一部分是私人的,但是它們通常被或多或少的其他人所共同享有。他的利益并不限于现在。它們或者发源于他诞生以前多年或者多世纪发生的事件;它們或者是连續的,这种连續同个人的飞逝的人生相比,可以說是永久的。他或者特别评估其中若干种利益的价值,因为这些利益是他的,并且有一种特殊的个人爱好;他或者评估其他利益的价值,远过于他对于自身生存的估价。法律存在于这种利益的集合体內并发生作用,并且是社会的一个要素,这个社会的成员是利益的主人翁。我們必须进一步討論:就人类利益的原料說,这种作用是什么。

七　法律是利益的估价

从上边所说的我们可以明白看到：个人的利益几乎是不可思議地那样多，并且彼此之间以及与他人的利益之间存在着极其复杂的关系。它們可以使他与利益相同的人或有相互利益的人联合起来，或者反之，它們可以使他同别人对立。因为利益可能是冲突的。一个人的利益可能与他本人的其他利益冲突。人格并不如此簡單，以致只含有种种依次替补的利益。它也不能不费心思而能調配联合于一个协調的整体内的各种利益。一个人的利益可以使他同他人發生冲突。不同的人的目的或者不能由他們二人实现。卽使問題不是一个简單的冲突問題，無限的調和是避免权利的乱搶乱夺——在这种情形下，完不成有价値的事情——所不可少的。这是必須替每个人和团体解决的問題。个人所希望成为他本人的和預备追求的利益，只有在下列情况下才能实现：牺牲他可以追求并且可以在某种情形下感到对他有一种高貴价値的其他利益的时候。每个团体还必須調配它的共同利益及其成员的其他利益，还必須調配与其他团体的共同利益和非成员的各种利益。問題的本質在于調和、洽当地限制和尊重所包含的各种利益。

这种調和利益的方法称为估价。它是从利益發生冲突的各种观点实施的。一个人必須决定哪种利益对他最重要，哪种不大重要。他必須繼續判断他可以采用的各种可能的方法；他必須决定他实际上需要的——在考虑各种可能的滿足的种种結果和关系之后，哪种对他有价値。但是利益并不是單从个人满意的观点估价。利益是从它們对各团体的影响的观点估价的，个人在这种团体内有一种利益，并且这些团体是很多的。这些团体及其目的的重要各不相同，从一时的和几乎偶然的重要到能够支配成员生命和幸福的重要。各团体的利益——同需要个人赞助的目的一样——也是同其他团体的利益和其他个人的利益冲突的。这种冲突要求按照所含利益的相对价值，继续加以调和。没有这种估价，个人生活和团体生活将因利益冲突而陷于混乱状态。在利益经过评价手续加以澄清和固定以前，不能够有任何指导。正确地指导行为，有赖于就它们的相互影响去观察，有赖于它们的分类和选择，并有赖于它们的互相调和。这种调和不是自动的。某种调和可以随习惯或风俗变成自动的，但是它原来是一种自觉的方法的结果。不但这样，为了满意起见，调和这一工作需要充分了解所要调和的利益的意义和关系。能够学习的和施用于各种情形的简易规则是没有的。方法是零零碎碎的，因为整个人类利益范围从来不突然加以讨论，但是它是在一切人心里继续不断的，并且可以实现的各种利益的调和，必须依照利益的变化以及关于它们的互相关系的充分知识来修正。

所以，评估利益的方法是个人获得人格以及社会维持秩安的基础。就以上所说而论，好像它是每个人替自己实行的一种方法，虽然我们主张不但承认所估价的利益是个人满足的来源，而且考虑它们对于具有较大意义的其他利益的关系。在一种意义之下，估价必须常常由个人进行，这也是真实的。显著的理由是：没有其他能够估价的生存物。能够评估利益的团体意见或集合人是没有的。如果要调和利益就只能靠个人意见对利益冲突问题所发生的反应实现。的确，团体的意见是和团体外的或其他团体的意见不同的，但是这并不变更下面的事实：一切估价是个人的估价。可是不该误会这种提法，这是很重要的。只凭个人意见估价这句话不应同下述完全不同的建议相混：估价完全依照实施判断的人的私人满足实行。我们在前文已经说过，私人的满足不过是判断利益的条件之一：在它推广到个人认为有价值的一切事物的时候，就毫無意义了。的确，人們容易对于有私人利害关系的事物給以不正当的重视，但是通常这是关于所討論的利益的实际重要性的一种重大錯誤。很少人想到，利益之所以重要只是因为与他們的私人滿足有关。私人滿足或个人幸福当然是評估利益时应加考虑的，并且也是个人应該考虑的，但是，甚而具有普通知識和善良的人也能区别：行为对于自己的私人利益的关系以及行为对于他人利益或对于非私人利益的关系。私人滿足只是評估利益的观点之一，普通人一般并不把它看做一种特别重要的观点。个人常常从其他观点評判行为的价值，例如它对于他的家屬，或对于他的敎会，或对于他的都市或国家的关系。

　　上述使利益对于个人不但有一种引力并且有一种相当稳定的价值的方法，并不是由于只靠檢查就能評估利益的价值的一种特殊性能或直觉。这种方法的基础就是比較：相对的或然性的权衡，結果的預防以及同异的觉察。所以，同任何其他思想的运用一样，它需要許多范疇。虽然它継續进行，但是它不是一种从每个發生的問題重新开始的方法。使用的范疇从一个問題移到另一个問題，好像是或多或少永久的判断公式，虽然無疑地也有多少連續的改造，以适应公認范疇不能克服的种种新困难。价值的范疇有多少，解释的范疇就有多少。我們已經看到，私人滿足是这种范疇之一；有些利益可以立刻被認为对它有一种积极的或者消极的关系，并且它們的价值同其他利益有密切关系，虽然常常發現这种利益在影响其价值的最后判断的其他范疇內也有一个地位。自修、优良嗜好、公共服务、勇敢，正直行为，是評估特种利益价值时常常使用的其他范疇例証。这种依賴范疇的情况不是方法的偶然狀态。它是思想活动方法的一部分。沒有价值的直觉，正如沒有眞理的直觉一样。有种种判断，而判断常常是进行比較，是一种关系的觉察。它只能在知識和价值的确定的組織內实行。沒有一个人完全替他自己製造這許多范疇，这当然是真实的。它接受它們的大綱，就好似他的一部分社会遺产，並且同他的同伴共同享有其中大部分。

因此，社会制度本身同利益的稳定价值有極其密切的关系。一方面，它們得到下述信仰的赞助：它們事实上代表一种实际的价值，它們供給不应忽视的种种利益。所以，它們構成其他估价的基础。因此，任何利益对于家屬所代表的价值的关系，足以决定这种利益的价值。另一方面，屬于这一类的許多团体有下述特征：它們供給一种用来决定团体成员認为多少客观的評价的工具。利益的估价是非常重要的，不能完全靠偶然發生的个人的反应。这个也不是团体生活或估价方法的一种偶然状态。除了团体保持利益的調和这个假定外，它簡直不能存在。它的成员的利益必須互相調和；使共同目的不能实现的个人利益，必須同共同利益調和；团体的共同利益必須同其他团体的或非成员的利益相調和。所以，团体的組織不但必須找寻获得共同利益的方法，並且还必須进行可以决定团体所接触的許多利益的价值的种种估价。政治的和类似政治的团体的目的尤其应当实行这种正式的估价。

这种估价方法的構成可以用一个簡單例子——裁判手續——說明，这种裁判手續可能是政府的一种最老的和最基本的职掌。这种职掌显然是調和团体成员間發生的利益冲突。它对于提出的矛盾要求的正当与否作或多或少正式的判断。在从前，进行这种利益估价时，裁判官或任何人沒有使用强迫手段去維护判断的义务。所得到的结論是一种希望調和特殊的利益冲突——例如包含着关于契约的或者关于财产使用的爭論——的判断。双方当事人都有他們希望能够得到保障的利益，但是他們的要求是矛盾的。差不多任何民事訴訟都是这种情形的說明。 刑法不大适于說明，因为犯罪被認为是对国家的冒犯。刑事是不能够調和而必須禁止的非常案件。但是，除了不能享受社会化的利益的犯人案件外，开明的刑法不能把禁止看做是一种适当的解决办法。比较开明的犯人待遇承認这里的問題也是利益的不調和。某些較新的案件——例如少年法庭承审的案件——的目的显然在用一种調整方法去保持利益。从团体本身观点来看，这种职掌是跟下列共同利益相同的：消灭冲突、保持事件和平进行以及承認需要机关支持的一切利益。因此，司法是狄驥教授所謂的一种公共事业。在这种情形下，組織有两个目的：（一）調和冲突和（二）供給維持共同利益的方法。

这种說明可以用来进一步証明：范疇在有組織的估价內，如同在个人估价內是同样需要的。司法裁判是对付一个特殊的利益冲突——一定的人之間或团体之間的已成事实。这种調和不能仅依照关于特殊問題的未經正式陈述的正义意識实行。这种方法太不正确，并且大大束縛了裁判官的創造的才能和自由的理解。我們应该牢記，这正是柏拉圖在他的共和国（"Republic"）內提議实行的。統治者应受一种長期的教育，然后認为具有一种智慧，使他們能够充分調查每个案件的眞情，决定案件的正当一面。这是一种人治而非法治。很明显，倘使这种制度是可能的，那么它将优于用一种规则决定許多案件的制度。但是了解整个情形和判断各个案件的能力是虛妄的人类所不能有的。人类經驗贊成法治而不贊成人治。并且柏拉圖自己，在晚年也承認他早年的理想是不可能实現的，并且在他的法律（"Laws"）內规定了他認为应在国家內确定的一种法律制度的一般原则。

特殊的冲突必须列入确定的估价的范疇之下。一种普通的利益必须受制于一种普通的估价，而这种普通的估价必须成为解决特殊冲突的关鍵。谋杀是一种利益的侵犯，因而根据案情性質要求一定的賠償。上述各种利益的一般估价就是法律。这些法律代表一个社会的許多成員关于某类利益应有的价值所作的多少稳固的估計。它們或者是种种習慣，这些習慣一部分代表無組織的个人的判斷，一部分代表以官吏身分执行职务的法院的判斷，在这种法院里，在处理許多特殊問題的时候逐漸形成了一种通則。它們或者是一个立法团体的法令，努力准备調和。在这两种情形的任何一种下，它們都是对于某种利益的估价——确定种种限制和条件，在这种限制和条件范圍內，一种利益的追求应該按照它对于其他利益的关系实行。

　　这种立法的情形是不難說明的，它所注重的是与法律的命令狀态完全不同的一种狀态。我們可以用賦稅法令的通过和国家收入的支用来說明它的大概情况。这些显然和个人所采取的同樣行为一样，都是估价的方法。一定的费用只能購买一定的东西；为保护一种利益所耗費的錢不可避免地要取償于前曾耗費金錢的其他利益。不但这样，征收捐税显然必須选擇將負賦税責任的各种利益幷决定不同利益間的責任的分配。但是利益的估价幷不以含有可以轉讓的貨幣价值的情况为限。一种学校制度的創立和發展，当然需要敎育目的和方法的估价。可以提出与任何敎育計划相关的种种合法的要求。社会需要各种良好的公民；个人合理地要求能够增加能力——效能或精神上的發展——的敎育；工業需要能够在生产計划內站有用地位的人。上述种种要求以及其他許多要求都是合理的，不过它們可能多少互相冲突，幷且正如这个問題必須由个人單独解决一样，它必須由社会的某种敎育政策解决。

　　例如：工人报酬法的通过显然是利益的估价。由于工業有意外事故發生，显然必須有人負担它們的费用。假使讓工人和他的家庭單独負担，那么只能牺牲这些人本身的和他們所代表的社会利益的公認利益。费用来自他們的幸福，来自他們的生活水平，来自家庭中兒童的敎育——总而言之，来自他們有重大关系的幷且也多少同一般人有关系的价值。在另一方面，假使工業上的意外事故費將完全或部分由社會負擔，那麼這種負擔一定在稅率內表現出來，而這種稅率將多少影響非常複雜的多方面的利益。或者，如果費用完全或部分向工業徵收，那麼它對於商業興隆將有很大的影响，結果一定表現在物價內，從而轉移到全體購買者身上。任何政策的采用必然是費用應該歸於這種或那種利益的一種決定。利益的估價可能是愚昧的，也可能是智慧的，但是在任何情形下，所采取的政策將必然成為這樣一種企圖：使某種關於利益的相對價值和相互關係的決定變成有效。

八　法律的權力

現在讓我們回到我們提出討論的問題——權力的性質問題和權力的辯護問題。我們曾主張，法律應當處理一個社會內的許多人類利益，應當代表有關這些利益的價值的堅定的判斷，因而它的目的在於盡力保障各種利益，不但對於利益的數目，并且對於它們的實際重要性給以應有的注意。倘使這個見解是對的，那麼進一步質問法律何以有權力，顯然沒有意義了。它所以有權力完全是由於它的特殊性。尋找一種價值來辯護估價的方法，實在是徒然的。一種特殊的法律或政策必須存在於何種地方，也是明顯的。同任何其他問題一樣，利益的估價在正確決定的時候，就決定了。換句話說，決定的正確與否不能用它的來源判斷。一種法律必須按照它的內容，也就是按照它對於它處理的利益所為的估價的正確，并按照它使它的估價發生效力的實際成果加以判斷。所以，這種法律概念何以產生一種與主權學說隱含的權力觀念根本不同的權力觀念，顯然可見了。後者是一種純粹正式的權力概念。法律所以具有權力，是由於它所由產生的來源。它是一個卓越的人——認為卓越的個人或集體人或國家——的意志。這個見解忽略了這个事实：同利益的估价一样，一种法律必须依照一种方法証明它的正確，这种方法須和任何其他决定所賴以証明的方法基本上相同。証明是根据內容而非根据形式的。要求形式上的正確完全是使偏爱的解决避免批評的一种方法。

这个结论使我們走到一个重要的哲学問題——客观的价值問題——之門，但是我們不必走进这个門。政治哲学眞正需要的是这个假定：价值問題的决定並不根本上有异于任何其他問題的决定。必須擯弃的是相反的假定：价值是一种純粹主观的爱好，这就是說："我爱好这种东西，因为它是我所爱好的一种东西。"实际上，沒有人怀疑：涉及利益比較重要的各种問題能够用思想和討論說明，或者个人之間的可能的同意范围对于各种实际目的都不限制。同意的条件是：認識陷于危險的利益，尊重他人的利益，並重視他人的見解。对于这种特性的可能發展沒有限制。实际上，关于价值的同意很像关于眞理的同意。它是一个这样的問題：使判断的人，依照他們的判断所及于其他判断的效果，明了他們的判断的含意。在兩种情形之下都不能够得到絕对的同意，但是实际的同意在一种情形下並不比在其他情形下难于得到。它在一种情形之下是差不多和在其他情形下相同的。

在这兩种情形下，夸張存在的同意的数量並不能收到良好效果。常常有甚至不懂数学的人，常常有不明白各种固定的价值的人。至于个人，在他能够了解問題以前，他或者已經用尽了智慧的和道德的能力，这常常是可能的。在另一方面，某人可能在公認的理論或公認的方法得到要点之先，已經看到这一要点。他或者是一个才子，这就是說他是对的，而其他人是錯的。在这种情形下，所有的恳求一定是酒醉的菲立浦对于清醒的菲立浦的恳求，它一定希望未来的同意。但是常常有一时得不到同意的可能。依照事件的性质，这种情形沒有现成的解决办法，因为这种情形的所以存在完全由于缺乏解决办法。一种普通的学说所能为力的是引导各派明确地接受责任——限制对于实际需要的事件实行强迫，少数反对派负起证明的责任。但是至少有一点是明显的。对于这种情形断言有一种纯粹利用地位来要求命令权的纯粹形式上的权力，是非但无益而且是有害的。

主权学说和对于形式上的权力的尊重都不能改变下列事实：（一）争论发生后暂时不容易解决，（二）或者大多数人有时多少不同意对价值的一般评估。这至少是对于社会进化和另外一个事实——为了大多数目的，一种实际的同意通常是可以得到的——同样重要的一个事实。它当然不同有关价值和有关真理的下述假定相冲突，这个假定是：任何问题有一种任意的解决——一种不必再加修改的解决，事实的状况就是实际情形。我们的讨论已经使我们能够看到这种任意的解决的地位是什么。它不是一种现行的绝对权，而是一种方法学的理想。

根据这种见解我们可以明白看到：在法律和道德间不能划分明确的界线。就我们能看到的来说，这是同事实非常相合的。这种界线是没有的。各种明显的区别——例如，道德是一种相对的品格问题，而法律是一种相对的行为问题，或者法律是法院将要实施的东西——有一种相对的真理和一种供若干种目的用的相对效用。但是，没有一种区别将把分析看做是各种现象的理论上的分界。泛言之，立法是一种伦理的估价。伦理的估价不能利用强迫办法，因为表面行为的一致，相对地说，与它们没有关系。这种估价普通称为道德的，以表示同法律有区别，虽然假定法规常常或者大概用强迫方式实施，显然是错误的。在另一方面，倘使必须使用强迫方式，那么限制公共机关具有强力，显然有一种实际的利益。这种团体办事所根据的规范普通称为法律的，以表示同道德有区别，虽然假定公共机关借它的行为立法，也显然是错误的。任何行为规范——無論称为法律的或者道德的——完全根据下述事实来証明它是正当的：就它对于人类利益的影响说，它是正当的。至于如何認可规范，是一个实际的而非理論的問題。

道德和法律都發源于評估利益的方法，这种方法克拉勃教授称为"正义意識"，他在这本翻譯的著作的第二章进行了詳細的討論。法律之所以存在，因为人們継續不断地評估和重新評估利益，因为他們希望利益調和，因为他們希望保障他們本身的利益和承認尊重他人利益的正当。这种相互的权利义务观念是建設政治社会的基石。各种政治組織在它上面建立起来，泛言之，这种政治組織存在的目的是：第一，希望利益的估价可以更确实地加以考核；第二，希望保証公共利益能够保持，它們的价值能够实现。这使我們最后講到克拉勃教授的国家学說。最后，我們将略述他的学說的主要原則。

九 近代国家观念

近代国家的根本狀态是它完全受法律制裁。法律代表利益的实际完成的估价。这种利益的估价产生判断行为的种种标准，并且产生正当和錯誤，合法和不合法的許多种类。这种估价把权力給与各种制度，这种制度一部分是更明白地和更有效地評估利益的方法，一部分培养这种利益，认为可以把它委托于一个正式机关。結果，这种制度是法定的制度，并以人們对于他們所擁护的人类利益的实际价值所下的判断为根据。的确，在任何时候，任何这一类的估价的集合体包含許多純粹是傳說的东西，因为它並不存在于創造新制度的人力范圍以內，并且估价也並不依照一种完全的秩序単开始。不但这样，个人关于了解制度——他們在这种制度之下生活——的重要性的能力大不相同。細目經常在改变，組織大綱有时也加以修改。这种变更一般是由比較有新思想和胆識的人开始实行，这种人的天然能力或特殊环境使他們能够看到旧观念可能的新适应。但是，强固的組織有頼于它同人类需要相符合——它同人們認为适宜和正当的东西相符合——感情主要是制度所保护的价值的有意識的承認。所以，政治組織以法律，以确定的是非、善惡观念为根据，而这种观念又以估价观念所不可分离的意識为根据。近代国家学說的根本概念是法律。

很明显，法律是普通称为一个社会的文明或文化的种种表現中的一种，这种估价制度的發展以及有效的运行幷不是不依賴文化的其他因素。例如：它依賴思想的自由交換，这种交換因一种共同的語言变成比較容易——它可以得到一种共同的宗教的援助；宗敎观念如有很大分歧它的力量当然要减少，尤其是，倘使这些宗教观念表現在敌对的宗敎制度內。一种习慣法显然同我們称为国风的理想的混合物有很密切的关系，因为后者虽非絕对而多牛是一种习慣法的理想，幷且也是表示这种习慣法的公共的政治制度的理想。倘使沒有一种共同的心理，一种习慣法断不能够發达，幷且我們可以假定：这种共同的心理在一个社会內愈薄弱，利益的范圍愈窄，不能够在这种法律內得到一种公認的估价。倘使同意的基础很薄弱，法律一定比較普及；在一种較优的基础存在的地方，留給地方团体的一定比較多。

因此，用普通的話說起来，国家可以解释为有一种习慣法存在的一个社会。它是占有一定領土的人的团体，在这个团体內，关于公私利益的同意产生一种公共的正义意識。我們已經看到，这种同意在表明正义的共同判断和用以維持共同利益的各种机关內表現出来。我們必須研討这个定义的几种比較重要的因素，幷說明它的几种含意。

依照上文所下的定义，国家是一个相对的名辞，这是很明白的。在团体內还有团体,每个团体以一种关于正义的同意为标志。较小的地方团体可以有一种幷不推广到较大团体的明确规定的习惯法,虽后者也有一种明确规定的习惯法,表明两个团体所共有的较大利益的价值。任何联邦国都是这种团体的例证。地方团体事实上有一些自治权;它本身的特种法律对于它是有效的。不但这样,联邦国的法律承認这种地方自治权;它的维持是包含更广的法律制度內的一种法律認可的价值。因此,在一个法律制度內有另一个法律制度的認可的自治和服从,还有一种用来决定权限的組織。在另一方面,有些团体在决定法律标准时比较自由,它們幷不明显地是任何認可的法律制度的一部分,它們在这种法律制度內找寻一个较大的团体所給与它們的地位。这种团体等于普通政治学說的主权国。但是,我們应該注意,即使在这种地方,独立只是相对的。任何具有一种习慣法的有組織的团体都不能够把它的价值加諸它們。但是,除管理价值的共同判断的那种自然限制外,对于团体本身沒有內在的限制。而这种自然的限制,能够依照使人們得到一致同意的基础的种种情形扩张或减縮。因此我們看到,在国际法內有具有多少拘束力的許多条約和协定,这种条約和协定多少控制比较强有力的国家的行动,幷且事实上可以强迫加諸比较弱的国家。这种普遍同意能够达到何种程度,換句話說,它能够控制多大的行动范围,有賴于許多公共利益能够产生的范围和在估計这种利益时所能获得的同意的程度。但是,在任何情形下,国家这个名辞是相对的。事实上它指的是显然附属的团体和比较独立的团体。

目前,在国家的实际狀况內,有一种可以称为历史意外事件的重大因素,也是明显的。我們曾坚决主張:十六和十七世紀民族国家的兴起,是和王权的扩張有密切关系的。这种王权往往不能使它本身同民族一样扩張。它或者不能够达到有势力的民族的界限,使另一民族的一部分或全部受它的控制。所以，就任何现代的政权观念说，国家的領土界限是常常任意划分的。在革命时代的法国，同样的王权运用許多不同的法律制度；或者在德国，一种統一的法律制度由不同的王权运用。现在的政治單位就是从这种种矛盾产生的，当然具有一种使国家权力逐渐同法律的統一相符合的趋势，但是还沒有达到这个目的。因为这个原因，常常發生变例，从目前的政治哲学观点来看，这种变例事实上是意外事件。但是，單使各种不同的合法的社会受一个中央的統治，势将产生共同的利益，最后产生一种習慣法。因此，从学說的观点来看，原来是政治的变例的国家，到了相当时候，可以成为寻常的。

我們在上文已經說过，因利益的估价而在社會內产生的各种机关有兩种职务。第一，某些机关具有所謂立法的职务。换句話說，它們澄清在任何情形下不經組織的干預而自然进行的估价，使其系統化，并給与比較有效的形式。基本上这是近代国家代議士会的职务。在另一方面，产生其他种种机关，它們的职务是保护特殊利益，这种利益被認为特別重要，并且还被認为需要这种特殊的統治团体的保护。我們已經看到，狄驥教授重視这个事实：需要这种保护以及为此需要設立統治机关的逐渐增加的利益，是目前政府發达的特征。不但被看做行政部的机关業已增加，并且因为政府不得不负担离傳統的行政事業更远的任务，又增加了事实上行动自由的許多委员会。它們显出变成自治团体的趋势，不过，至少就它們的重要政策說，当然多少受行政部或立法部的节制。这种委员会显然是推行公共事業或保护公共利益的机关。这种公共事業势必構成政府各机关全部工作的大部分，因此引起狄驥教授把国家看做公共事業的集合体的概念。换句話說，公共事業是政府活动的形式。傳統的政府职掌，例如司法和普通行政行为，都是公共事業。

英譯者序

但是，就本書提出的學說而言，顯然我們不應該認為社會中產生的供法律目的使用的任何組織都是相同的，我們不應該認為它和有立法职务的机关相同，因为这种机关事实上并不創造法律。它們是"找寻"法律，發展法律，澄清法律，使法律有表明公私利益眞正价值的实效的工具。但是为了这种目的建立的公共机关以下列事实为根据：这一类估价由人們——个人和团体——判断利益的价值，毫無組織地繼續进行。普魯斯主張：立法部幷不是無根據地制定法律。它們創造确定判断的方法，但是判断是一个社會內的人所難免的心理狀态。不但这样，这种組織發展得無論多么完善，幷不廢弃个人或团体关于利益价值的判断。这种判断，不顧立法部的作為，繼續自由举行。它往往采取風俗或習慣的形式，不經任何立法机关批准而变更公認的法律。最后的立法权不过是对于人类利益和决定它們的相对价值的人类判断罢了。所以，国家是用集合的力量承認价值的一个社會。但是，国会主權學說决定立法部是国家中央机关的理由是容易了解的。假使这种团体繼續保有确定的权力，它的法令就可以被看做是表面的法律，虽然从表面上檢查法律可以說明法律有賴于社會及其輿論。各种民权所含混地表示的就是这个事实，同时它們仍旧把法律看做經同意后获得倫理的辯护的意志的命令。

在另一方面，把国家看做充任公共利益的保护者的各机关的集合体，也是錯誤的。这是一个重大的錯誤，因为它忽略了近代国家學說的要点，就是：这种机关都是法律的产物。法律是它們全体的基础，因为这个原因，法律——非公共事业——必须是政治学說所由出發的基本概念。狄驥敎授不接受这个原则，他把国家看做各种公共事业的集合体，所以他說，統治阶级的优越的权力是一个不能証明为正当的事实，虽然他承認統治者受制于社会团結的規律。但是实际上没有比下述事实更明显的了：虽然單純的权力幷不被擯弃于现代政府之外，但是统治者的权力主要是逐渐成为合法的权力。我們已經指出，这种負法律責任和予公民以法律保障的政府观念，在现代政治学說內流行，并逐渐在现代实际政治內表现出来。国家不是各种公共事业的集合体。国家是一种社会，它通过确定法律的价值产生执行公共事业和維持公共利益的各种机关。

此外，还有一方面，把国家看做公共事業也是一种錯誤。它偏重法律所擁护的各种利益。很明白，法律并不只保护公共利益，除非这个名詞所用的意义非常广，以致喪失了它的确定意义。一种利益是否委托于一个公共机关，并不决定于承認这个利益具有必须保护的价值，而是完全决定于如下的信心：公共安全或幸福要求用这种方法处置利益。甚至完全私人的利益也得到法律的認可和保护；它們被認为具有必须保护的价值。不但这样，完全个人或自由会社的許多任意的活动，对于社会极关重要；在一个政府机关所管理的一种活动是一种公共利益的这个见解下，它們或者是公共的利益。我們应該注意，在上述一切情形下，無論活动是如何指揮的，和利益是否被認为公共的或者私人的，都受法律的保护，它的保护是法律內归屬于它的价值的一种表示。一个私人的行为和一个官吏的行为受同样的制裁，即法律的制裁；私人和官吏的权利和权力經法律規定。公共的和私人的利益并不由它們对国家的关系規定，但是由处理它們的方式規定。公共的利益并不由国家处理，但是由法律为了这个目的而产生的統治机关处理。

国家和政府机关的混淆，以及宣告法律和推行公共事业两种职务的混淆是有持久性的。理由显然一部分是历史的。近代国家所由發展的專制君主政体，把立法以及軍队、警察和司法这一类公共事业的管理集中于一个人——国王。直到在立宪政府之下，立法部的优势得到保証的时候，立法才取得它在现代国家內具有的独立和重要。但是，同时，政府日漸增加的复杂情况，势将使立法和公共事業間的区別暧昧不明。因为，由于这种复杂的结果，立法部以外的其他机关具有类似立法的职务。傳統的立法、行政和司法三种职务，不再委托于不同的机关，虽然它們为了某种目的可以分为不同的活动范疇。但是在任何情形下，不該把国家看做和任何組織相同。

本書所述的学說企圖用法律主权說明近代国家。設想一个能够賦与类似个人的权力的假定的实体或有机体，是不必要的。这个学說只以社会本身为出發点，具有存在于其成員中的法律和道德关系網。政府机关只关于这些确立的关系履行它們的职务。这个学說至少具有以实际范圍为限的好处。它反对主权这一类假托，它根本鏟除純粹形式地系統整理法律的見解。它一般地同社会科学中其他趋势，幷特殊地同政治学說中其他趋势發生明显的关系。讀者可以看到，这本書是在心目中充滿事件的推移的时候写成的。关于这种事件的推移所及于政府机关和組織的影响，很可以提出一种理論。但是，它不是政治哲学家創造理想的政府組織的地方。倘使能够更明确地說明动力的观念的一般含意，已經足够了。

薩柏恩（George H. Sabine）
許派德（Walter J. Shepard）

原著者引言

　　本書所闡述的国家学說是从拙著法律主权学說（"Die Lehre der Rechtssouveränität", 1906）的結論脫胎出来的。后者基本上是对国家主权学說的批判，至于本書的目的則主要是在于說明相对的法律主权学說的积極原理，从而論述近代国家观念。

　　本書也是用我国国語荷蘭文写成的，但是曾經譯成外国人比較容易懂得的一种語言。为了这个目的，我又选用了德文，因为我的結論是特別反对德国政治学的結論的。

　　譯文是根据1915年用同一書名出版的荷蘭文版本譯出的，但是这是在欧战前完成的。后来我又用荷蘭文出版了一本叫做"Het Rechtsgezag"（1917年）的書，这本書包括对本国批評界所引起的近代国家观念的辯护和推敲。这本書已經編入本書。所以德文版包括上述用荷蘭文写的兩本書。

克拉勃
1919年5月于萊頓(Leyden)

緒論　近代国家观念

国家观念所不可少的統治的基础，是政治学說所必須重新考慮的一个根本問題。从專制政体产生的现行国家观念，把它看做权力的一种原始表現，这种权力在它的本性上賦有統治权。

自从法治国家学說發生以后，在这个观念和一个同样的权力的原始表現——法律——的概念間發生了冲突。这种冲突引起国家服从法律的学說，或者用拉彭德的著名定式："除根据法规外，国家不能要求执行幷且不能实施束縛，不能命令它的人民，幷且不能禁止他們。①"

但是政治学說甚至在目前还不能把国家是权力的原始表現这个旧概念拋弃。因此，它陷入一种难以解釋的矛盾，因为它现在不得不接受国家权力和法律权力二元論的假定。克服这个二元論和解釋国家服从法律的种种努力，都沒有达到目的。

然而公务的实际进程产生了一种消灭政治学說的种种困难的国家观念。这个观念——近代国家观念——承認非人的法律权力是統治权。关于这一点它接受拉彭德所提出的法治国家学說的論点。但是它从这个学說的各种基本观念推断最后的結論。它不再主張国家服从法律，但是坚持国家的权力不过是法律的权力罢了。所以只有一个統治权，卽法律的权力。按照这个見解，国家幷不受法律的强制，但是賦有法律的权力。法律不是一种較高的权力，而国家是一个附屬的权力，但是国家固有的权力和法律的权力是相同的，所以国家的統治的基础是同法律的拘束力相符合的。

本書的目的在于說明这个近代国家观念。

---

① "Staatsrecht des deutschen Reichs", Ed. 4, Vol. II, p. 173.

第一章 国家的权力和法律的权力

第一节 新旧国家观念的对立

在绪论内已经说过，近代国家观念支配实际政治，然而政治学说仍旧保持从专制主义所得的旧国家观念。政治学说并没有说明在过去半世纪内逐渐发现的统治者和人民间关系的变化，至少没有充分说明。

好多世纪，我们的生活受着握有主观的统治权的"主权者"的观念和具有政治服从关系的"人民"的观念所支配。这个主权者被认为是君主或议会，因此它的统治权被认为是一种个人的和主观的权力。从中世纪以来，政治学说继续讨论这种个人权的起源、它的效用以及因此必须加诸主权者的统治权的限制问题。我们可以不谈有关这些问题的种种学说，因为事实上主权者的意志——正因为它是主权者的意志——被认为拘束全体人民。

但是，除主权者的权力外，从主权观念发生的时候起——事实上在发展以前——还有另一种权力存在，即法律的权力。这种法律支配社会成员之间的相互关系，并且久已被认为是一种权力的来源，这种权力是和主权者的权力一样独立的。有人用许多方法证明：主权者的权力被所谓民权所限制。主权者只有同社会地位业经法律承认的社会成员合作，才能变更这种人民的法律。为主权者谋利益而削夺各阶级的任何权利——如征用财产或课征捐税——，必须得到受影响的各阶级的同意。在其他各方面，人民的法律不经主权者援助而发达和变更，主权者只维持和实施法律制度。

主权者和人民的法律之间的关系在十八世纪发生了一种有利

第一節　新旧国家观念的对立

于主权者的权力的变化。在主权者逐渐注意各种公共利益以及他在这方面颁布的法令数目增加的时候，一种所謂公法开始侵占旧的習慣法，成了社会生活的统治权。毫无疑問，这种公法的效力完全从主权者的意志产生，但是在人民的法律內表现的社会制度內的其他要素的拘束力，是不是也追溯到主权者的权力，却成問題了。的确，这种法律不曾由主权者制定或颁布，但是他曾負維持和实施的責任。事实上，这种实施人民的法律的責任，构成一种使一切法律拘束力能够深植于主权者的意志內的連結物。因此，兩种独立的权力——法律的权力和主权者的权力——的二元論就消灭了。在十八世紀內受人欢迎的法律是理性的产物这个概念，給这个学說一种帮助，因为从主权者寻找理性要比从人民間容易得多。并且，在主权者的权力从历史上的个人和群众移到人民本身的时候，那承認一切法律主权者产生出来的傾向，更因民权学說而增强，在这个民权学說內，人民的法律和主权者的法律是相同的。

这个变化在理論上和实际上确立了这个观念：实体法的唯一統治权是主权者的意志的表示，从而是一般法律的表示。因此主权观念發达到了極点。这个主权观念现在仍旧支配政治学說。它只想摆脱主权者具有个人的統治权的观念。现在不承認国王但是承認国家是主权的执掌者；不过，因为国家被看做一个法人，并且因此需要决定的和执行的机关，所以这些机关现在变成主权的掌握者，主权观念事实上不受影响，甚至在个人的統治权方面也这个样子。在討論这个論題的文字內常常述及的那个最后的和無限制的权力，现在屬于这个主权者，或者用近代的术語說，屬于国家。莫侖勃萊休（Maurenbrecher）說：国家的权力是不能反抗的，沒有錯誤的，并且是神聖的。奧吐·梅尔（Otto Mayer）談到"国家权力的無限制的优越"，和"行使法律上最高意志的国家的能力"；杰烈涅克談到"無限制实行它自己的意志而反对其他意志"；而拉彭德把"統治"看做"国家的特权"。这种种评论都是从专制君主政体观念直接产生的。

第二节 近代国家观念的發生

以委托于一个特定人的一种假定的統治权为中心概念的国家观念，因立宪制度的引用而丧失信用，虽然这个权力用看做一个法人的国家的名义执行。从前历史上的主权的执掌者的意志不再拘束它本身；議会的合作是必要的。但是，在議会內，有时由这几个人和有时由另外几个人组成的常常变更的大多数人的合作，已經足够。因此主权的行使——至少关于議会——不再委托于特定人之手了。所以，按照国家的最终权力授与議会说来，实体法的效力从一种如下的权力产生，是显而易见的，这种权力在具体方面常常变更，但在抽象方面化为"立法权"。因此，实体法的权力，除需要議会內特定議员的意志援助外，还需要其他援助，也是显而易见的。

这种情形含有在实体法內承認傳統的主权者的意志以外的某种事物的必要。議会是由人民和从人民中选出的这个事实，对于它是人民的法律意識和正义意識的机关，这个見解是有利的。因此，在实体法內表现的正是这个正义意識。所以，实体法的权力的新基础出现了。不是一个想像中的主权者的意志，而是人民的法律信仰把拘束力賦与实体法。因此，"实体法"的所以有效，完全由于它融合正义的各种原则。

有了这个新的实体法效力学说以后，又产生了使从前主权的执掌者——国王——服从实体法的可能性，这也是立宪制度的一种实际结果。事实上早已承認，国家可以受普通民法的拘束。这点由一种理论上的假定加以说明，这个假定认为国家有二重人格；第一种是"国库"受拘束其他一切人的法律的制裁；第二种是"国家主权者"不受这种法律的制裁。但是,在国王和议会协力制定实体法的立宪制度的主宰之下,为了替主权者确立习惯法的效力,这个假定不再需要了。事实上,成为国王和人民代表团体的产物的实体法,因此位于原来的主权者之上了。因此,虽在公法范围以内承认实体法的优越也没有困难了。在法治国名称之下,这种实体法的优越曾经逐渐确立。最初它不过是主权的一种"限制"罢了;后来它要求,在可能范围以内,主权者的单纯意志应该由法律"代替";最后,它排除一切原始的主权,而取得法律的无条件的胜利,因此完成了一种完全的变化。主权者被否认是有权要求无条件服从的权力的原始的渊源,正和法律从前被否认是同主权者对立的一种独立的权力一样。

第三节　近代国家观念的意义

倘使我们现在问,哪一种伟大的思想在上述过程中占优势,我们能够回答,一种"精神"力已代替一种"个人权"了。我们不再生存在个人——自然人或假定的法人——的支配下,而是生存在精神力的原则的支配之下了。在这里面发现了"近代国家观念"。从前主要支持社会生活的旧基础——主权者的个人权——不得不让步(或至少逐渐让步)于从人类的精神性质产生的另一基础。这种精神性质是"真正的"力量所由产生和义务意识所赖以激起的本源。这些力量严格地支配着一切。对于这些力量能够自由表示服从,因为它们是从人类的精神性质产生的。它们能够行使的权力正是以我们任意服从它们的指导为根据。这种精神力量容许法律和正义产生,并且继续容许它们从新产生。在我们内部,像正义本能、正义感觉和正义意识一样发生作用,并且在我们心灵内像天然的原始力一样生存的那种东西,是以强制我们在一个社会内生活的权力为基础的。它是国家观念所固有的统治的基础。所以我們不再承認国家安置在一个主权者里面，但是在我們承認法律有制定义务的权力的地方看到它。現在事实上用主权者这个旧名称粉飾的东西，是法律曾經付托一种事業的一个人或者許多人组成的一个会。所以，他們並不賦有一种可以不顧法律但憑自己意志表現的权力。

政治学說对于这些並不注意；但是固执着旧的主权观念。在每个范圍內，甚至在国际关系的范圍內，可以看到法律的权力漸次扩大。但是它不願意抛弃个人主权观，承認国家权力从法律权力产生，从而承認法律主权的事实，去变更原則。它要脱离数世紀傳說所保持的个人权概念，和脱离适用于这个概念的术语，的确是困难的。所以我們有許多法律的假定，这些假定虽承認法律的优越的权力，但是仍旧想保留个人主权观。我們熟悉杰烈湟克的种种假定，这些假定为了維持他所主張的服从法律的观点，假設一种主权者的"自定的义务"。我們熟悉在名义上属于国王，而同时在他行使时各方面受法律拘束的那个权力的形容过甚。我們熟悉权力本身和权力行使間的区别的詭辯。因此，法律的辯証法必須繼續加以研究，同时实际政治早已啓示我們事实上有一种完全不同的观念。因此，我們現在必須注意这个近代国家观念，这个观念是和假定法律之外有一种权力的主权观念絕对不相容的。因此，我們将清楚地看到政治团体逐漸不受外界权力的支配，但是受存在于人的內部並从他們身上发出的內部精神力量的支配。在社会生活的各方面，到处发現新的統治者——法律，他确切知道我們民族的优秀分子所时刻渴望的无限的和不可分的統治，将来由他們扩張及于全地球。

第二章 历史上的主权者的权力和法律的权力

第一节 国家原是以法律为根据的一个团体

社会学和历史的研究证明，从原始时代存在于人类间的互相依赖，使他們生存在各种組織內，这些組織不是从外面——换句話說，由一个主权者——加諸他們，而是从种种自然的情感发生的，虽然这些情感到后世才明确地区分。这是社会的原始形式，在这个社会內，各种义务不經主权者認可而加以接受。

第二节 主权者的权力的發生

当部落可能因軍事上的必要承认一个首領和对他服从的时候，主权者初次出現了。起初，这个首領从社会的組織得到他的各种权利。因此他的各种权力起源于节制社会成員間的互相关系的同一权力，即法律。那么，假使近代国家学說只承認法律的权力有拘束力，而不再承認主权者有一种独立的和原始的权力，那么这不过是說明社会首領和社会本身間的原始的关系罢了。至少这是确切无疑的，因为当时的首領的权力从社会的組織产生，幷且这个組織的权力被認为是統治的唯一来源。

但是，君主对于社会的原始关系不是历久不变的。这种情况只有在一种有組織的立法手段繼續存在的时候才可能，但是这种有組織的立法手段，因人民議会或代議团体的消灭而中断。这是千真万确的，在国家的組織內往往发現一种阶级会議，但是它的职掌不是立法，而是很特殊地代表各种利益。它的起源和存在可以在君主权力的限制内、在各阶级的权利和特权的保护内看到。人民的这种立法机关的消灭使社会不能在本身固有的法律制度和首领权力间保持联系，而使这个权力是社会组织的产物这个观念得以继续存在。

不但这样，因为首领变成一个大地主，并且使军队和官吏都服从他，所以他得到一种为个人目的而组织的强大社会势力。由于这个势力增强了，首领的地位变成了世袭的，所以发生一种实际的个人的权力，这种权力非常巨大，能够使本身脱离其他种种权力，甚至脱离人民的法律制度而独立；事实上，它的确使自己这样独立了。在遇到这种情形的时候，社会受两种互异和彼此不相容的权力——原始的法律的权力和自称为属于主权者的新权力——的支配。这两种权力所支配的领土往往不相符合。在德国，在行使同一种法律的若干领土内可以看到若干独立的主权者。在法国，有相反的情形，因为在一个主权下的一块大领土内分为若干分立的司法区域，每个区域有自己的法庭。

自从同法律的权力相异的主权者的权力发现之后，有给它一种法律性的必要，虽然它的基础是在法律之外的。直到现在，政治学说负这个任务，并且把主权者的权力看做集中讨论的主点，差不多完全忽视了法律的权力。的确，我们可以说，自从中世纪以来，政治学说不过是一个主权学说，国家学说则致力于研究包含在主权内的各种权力的组织。

第三节 古代政治学说是社会的法律制度学说

古代希腊时代和上述情况不同，那时候很注重人民的组织，或社会的法律制度，而不注重各种权力的组织。在希腊的政治学说內，找不到关于一个賦有固有的独立权的主权者的观念。柏拉圖的共和國企圖描写一種能够实现正义的階級組織。在他的法律篇內，柏拉圖否認个人而承認法律——換句話說一種非个人的权力——是統治者。亞里士多德对于各种权力的組織更加重视。各种权力的分为君主政体、貴族政体和民主政体，是由他起始的。但是这种分类沒有理論上的意义，而且沒有指出法律与主权間的任何区別。它不过是一種組織，在这个組織里社会的自治生活——成为个人和民族道德發达的一个条件——自行表現出来。目的和柏拉圖的國家学說相同，都是倫理的。所以，假使有人講到希腊的國家观念——关于柏拉圖和亞里士多德的著作——这个观念并不含有主权者和人民的关系，但是宁可說是个人和社会的关系。因此，着重个人天然地包含在一个單独的社会內。所以，这里并不存在后世君主國內表現的对外部权力的服从，并且永远不承認國家是主权者与人民間的一種关系。在淡泊主义派的哲学（Stoic philosophy）內，又發現社会观念，但是現在推广及于全人类了；以自然法为根据的一種制度决定社会成員間的关系，而政治組織完全略去了。

第四節　中世紀的政治学說是一種主权学說

在中世紀，我們最初看到以主权者和人民間的冲突——在社会組織以外的一種最高权事实上已經發达以后——为中心的國家观念。在中世紀，專注重政治組織，而忽略了社会及其固有的法律制度。关于主权的爭論在政治学說內鬧得很厉害；被看做世俗权和精神权的化身的帝王和敎皇互爭霸权。政治学說專注重政治組織；社会及其內部的法律制度絕少談到。对于不屬于敎会的世俗的主权的基础热心地加以探求，直到國家的独立这个事实变成非常明确,不必再保持它反对敎会的要求。此后,同人民对立的主权的意义被认为研究的对象。但是,在中世纪内,因希腊哲学的复兴,社会团体重被提出讨论,这是值得注意的。这主要在托馬斯·阿魁納斯(Thomas Aquinas)的学說中可以看到,他同亞里士多德的哲学一样,也恢复了希腊的国家观念,这种观念主张从个人的天然服从社会获得統治权。但是他并不根据这个见地讨论当时的最高权和人民的法律組織間的关系。事实上,他沒有机会讨论,因为他自己的政治学說主要是証明世俗的权力是因促进敎会的宗旨而存在的。

第五节　同主权者締結的契約的意义和專制主义下的社会契約意义

中世纪以后,当主权者不依頼敎会已成确定的事实的时候,主权仍旧是集中注意的要点,但是现在因專制主义逐渐强盛而加以研究,想限定主权者的权力的界限。为了达到这个目的,政治学說采用同主权者締結的有名的契約的概念,这个概念業已用来替世俗的权力获得它本身的而非敎会的基础。这种契約是从社会就是从一般民众發生的。作为契約一方当事人的当地贵族所代表的社会,被认为是在一定条件下,把主权者的权力讓給君主。因为这不过是替世俗的主权保持一种特殊的基础,以与敎会的神聖来源对抗的一种方法,所以对于社会内固有的权力并不作进一步的研究。但是,在同主权者締結的契約被看做一种限制他統治人民的权力的方法时,第二步当然追究这个权力的起源,这个权力一定从社会产生,因为社会曾經讓渡它。普通人都以为阿尔休西斯(Althusius)是研究这个問題的第一人①。甚至阿尔休西斯也以为主权者的权力

---

① Politica methodice digesta, 1610.

是由訂立社会自願服从这个权力的一种契約确立的，这眞是可惊的事。事实上，在他的学说內，沒有地位容許这个契約，因为那个解釋社会起源的所謂社会契約也設置各种机关，保护它的种种利益。主权的組織，同社会成員間的法律关系一样，是社会契約的产物。契約产生一种具备各种必要机关的社会，所以，严格地说来，阿尔休西斯是不承認主权者的权力和法律的权力有不同的基础，而把前者看做社会組織內的一个要素的第一个作家（他所主张的同主权者訂立的契約除外）。这个主权及其所含的权力的組織，幷不脫离法律独立和在法律之外，而是以法律为根据的。不过，照前文所說，我們仍旧从阿尔休西斯学说中找到一个同主权者訂立的契約，虽然社会完全具备各种必要的机关，执行主权者的一切职务。有組織的人民，由他們的最高机关五長官（Ephors）代表，同主权者訂立一个契約，設置最高执政官，賦与一种限制的主权，规定在濫用权力时把他撤职。訂立这个契約的理由——就阿尔休西斯的学说說，这个契約完全是多余的——可以在德意志帝国的組織中看到，这个組織显然是他的模范，在这个組織內帝王充任他的最高执政官。就他的社会契約的內容說，这个同主权者訂立的契約完全是必要的，因为种种事情在沒有或有契約时，在沒有或有最高执政官时都一样处理。所以，假使阿尔休西斯更明白地了解他的政治学說內的社会契約的重要性，他就可以被称为法律主权学说的祖师，虽然有如下的保留条件：社会契約的假定不再成为这个主权的基础。

第六节 葛罗休斯和其他人所主張的主权与社会組織的关系

我們从葛罗休斯（Grotius）的学说中也可以看到主权和社会組

织之间有一种关系，但是这种关系远不如在阿尔休西斯学说中那样重要。

葛罗休斯从下述定义出发："社会是为享受法律利益并为共同实利而组织的自由人的完全的结合。"① 在这个定义内应该重视的要点是"完全的结合"；它的意义是一种最后的或最高的权力所由发生的或者至少包含在内的一种关系。葛罗休斯和阿尔休西斯遵循同一途径。但是，这个主权同社会完全分离是可能的，倘使人民赞成另外一个（君主）而把它抛弃，则用割让方法，或者用征服取得；在这种场合，君主享有它，好似一种遗传的产业一般。② 只有在君主的权力丧失，或者统治的家属灭绝的时候，才承认社会是最高权力的来源。在这种地方，主权复归人民，人民再变成自主。社会和主权间的这种关系以及后者可被人民以外的人享有的可能性，使葛罗休斯认为这个权力存在于一种双重的主体——人民和君主——内。他称人民为一般的主体，君主为特殊的主体。他称人民为一般的主体的理由是："因为被看做首长的君主所有的权力是在全体人民中的，而首长是全体的一分子。"③ 在后一句话里面又有这个思想：君主的权力是社会组织的一部分。

在其他学者的著作内，这个关系由"实在的主权"和"个人的主权"间的冲突表明。这并不像基尔克（Gierke）所设想，假定一个双重的主权。主权或者存在于人民（社会）或者存在于君主。但是有一种感觉，以为某种关系存在于人民和主权之间，即使后者为君主所有，因为照"主权"这个术语所表示，二者对"主权"都是有分的。

① "De jure belli ac pacis", Lib. I, Cap. I, Sect. XIV, I. Est autem civitas coetus perfectus liberorum hominum, juris fruendi et communis utilitatis causa sociatus.

② Ibid., Lib. I, Cap. III, Sect. XI, I.

③ Ibid., Lib. II, Cap. IX, Sect. VIII, 1; Cf. Lib. I, Cap. III, Sect. VII.

这个术语的目的是区别主权者和社会，并且说明二者的关系。但是，葛罗休斯祇看到主权——终极的权力——从社会的生活产生。它和法律一样，从社会产生，以及权力的组织实际上是法律的组织这种种思想，葛罗休斯認識得没有像阿尔休西斯那样清楚。因为葛罗休斯同他的前輩和他的許多后輩一样，从一种个人的权力和个人的权力享有权（由征服或割讓获得）出發。因此，为了在社会和君主間确定一种关系，他們不得不依賴下述人为的区别，像"一般的主体"和"特殊的主体，"或者"实在的主权"和"个人的主权。"

葛罗休斯同阿尔休西斯相反，后者認为主权和社会間的关系是不可分的，但是前者認为分离是可能的，因为君主可以由征服确定他的权力，并且跟遺傳的产業一样可以行使它。在政治学說史內，国家或主权者和社会間的鸿沟繼續扩大，社会及其組織对于主权的说明所具的重要性也因此减少了。国家祇被看做一种主权——权力的一种表现。

第七节 政治学說純粹是一种主权学說

把国家看做純粹是一种权力的組織的第一个作家是霍布士。在他看来，主权者不是社会的产物；反之，社会是主权的产物。在一种自然狀態下的生活对于人有很大的不利，因此他在理性的指导下，同别人结合起来，确立一种保証法律、秩序和安宁的不可抗拒的权力。据霍布士說，社会契約并不产生一个社会，这个社会存在后，由一个設立主权者的契约規定它本身服从一个君主的权力。社会契約本身直接确立这个最高的权力。霍布士用一种巧妙的方法加以說明，按照这个方法，人民相互同意把各人的权利讓与一个人或一个团体，假定别人也这样做。"我把我管理我自己的权利讓給这个人或者这个团体，并且承認他的一切行为，假定你把你的权利讓給他，幷且同样承認他的一切行为。"① 在这个程序完了以后，国家就产生了。"这是我們在'不死之神'保护下，我們的和平和保护所由获得的那种巨灵的产生，或者更崇敬地說，那种'人間神'的产生。"②

在这种場合，我們論及一种有利于一个第三者的契约。这个第三者——国王——从社会得不到什么东西，但是从各个人得到他的权利和权力；他因各个人相互間締結以此为目的的契約而得到它們。他本人不同各个人訂立契约，所以对于他們不負责任。君主所处的地位并不同社会对立，但是只同各个人对立。因此，在霍布士看来，君主"比各部分大，但是比全体小"的諺語沒有意义了。假使有人在这种地方提及一个社会，只能够說它是因国家的建設而产生的。所以霍布士叙述一个新的社会概念，即由服从一个單独权力产生的一种社会的概念；从前的出發点是社会，即由法律产生的一种人民团体。換句話說，国家的發生引起社会的發生，但是它的意思只是人类的一部分，因此服从同一个权力。事实上同样的观念在德国政治学說論文內仍旧流行。霍布士抱这个观念的原因大概是由于他久住法蘭西，他在那里同放逐的斯圖亞特派(Stuarts)結合，幷且那里的專制已达到極頂。关于法国，我們当时可以正确地主張：只因为上下人民完全服从国王的权力，所以他們构成一个單位。法国分成許多阶级和有不相連接的地方法律制度，不成为一个法律的社会。所以同国家相区别的社会的观念不能够發展。

第八节 英国的主权和社会組織的关系

在英国情况不同，在那里習慣法的存在指出一种有异于政治

---

① Leviathan, Ch. XVII, English Works, Ed. Molesworth, Vol. III, p. 158.
② Ibid.

組織的人民团体。所以，根据英国的情况著述政府論("Two Treatises of Government")的洛克(Locke)，拿人民团体做他的出發点。这个团体，在原始狀态——純粹在自然法的支配下——的时候，有一种不完全的組織做它的基础，因为它的許多詳細情形是曖昧不明的，幷且它的持續沒有保证。这个缺憾經設定一个主权者以后除去，因此主权者的职务是实现自然法。所以，在洛克看来，主权是社会的产物，但是同他的前輩一样，他不能够証明权力組織的基础存在于这个社会的法律制度內。它有它自己的独立基础，卽社会契約。国家和社会的关系只存在于前者是后者所不可少的补充物这个意义內，幷不存在于政治权力是法律制度的一个要素这个意义內，这个政治权力是从社会产生的，因此同在社会內統治的法律有同样基础。

第九节 旧制度下的德国国家哲学

德国的国家哲学（普芬道尔夫 Pufendorf，托馬休斯 Thomasius 和吳尔夫 Wolff）幷沒有提出可供我們援用的新見解。我們怎能希望在它里面，从保持社会組織的那种权力，找出主权的来源呢？使德国人民痛苦呻吟的三百多个主权者，力求不受帝国权力的节制，以便能够成为他們的人民的主权者。阿尔休西斯的政治学說完全同当时的时代精神相反。所以他的著作，在基尔克重新發現以前，为人所忽視。在阿尔休西斯以前和以后的德国哲学，以为它的任务是确立不受法律节制的主权，它依照傳統的形式，由締結契約执行它的任务，这种契約的拘束力由援用自然法制定。

第十节 孟德斯鳩的分权学說是主权学說的政治学說的产物

孟德斯鳩(Montesquieu)关于英国立宪制度的见解,非常适合以一种独立的基础为根据的公認的王权学說。他所以承認这个制度含有一种分权的理由是十分明显的,因为政治学說的一般假定是:国家只是一种权力的表現,卽人民服从一个主权者的狀态。英国的历史表明:結果,国家含有一种有害于自由的危險,这个危險使国王負"法律的义务",幷在行政与立法权間完成一种分立。在孟德斯鳩把这个防御濫用权力的实际保障發展成为一个制度的时候,他宣称英国宪法的長处在于下述的發現內:"为了防止这种濫用,权力根本应該是权力的約束物"①。

因此,主权必須分裂。具有独立作用的立法、行政和司法权的需要包含在一种站在法律以外的主权的观念中,因为在这种情形下,必須防御有害自由的危險。所以,分权学說被看做基本的宪法学說,是容易了解的。幷且,因为甚至在政治学說內通常也把国家看做权力的原始表現,所以这个学說不能够脱离三位一体(trias politica),虽然权力的这种三位一体同假定的国家权力的統一不相符合。

否認了特殊主权的存在幷且承認了法律是唯一的統治权以后,用国家名义行使的权力,立刻被認为从法律产生幷按照法定規則运行的一种制定法律、决定判断和实施惩罰的权。不但这样,法律决定完成这些职务的机关是不是应該多少地彼此独立。或者这些机关的独立同立法、行政和司法的原始职务相符合,但是国家的組織不必遵照这些原则,幷且事实上早已不这样了。但是,倘使国

---

① "De l'esprit des lois", Liv. XI, Ch. IV.

家是一个巨灵或怪物,这个分立的需要仍旧不变,因此使它变成多少没有害处。所以有名的三位一体的学说是同一种特殊的国家学说相联接而不可分的。反之,倘使任何人从法律出發,他立刻看到自由并不需要保障,以抵制看做一种統治权的法律。任何人可以寻找方法保証最满意的立法,但是照这种方法制定的法律永远不会是一种威吓的权力,而是效力以倫理性質为根據的一种权力,因此在原則上永远不会有害于自由。

第十一节 十八世紀的国家主权学說

这种推論假定:这种法律具有它固有的效力,并且只有它应被看做一种事实上的統治权。但是在十八世紀內,許多人——至少在大陸上——还离开这个結論很远。因为正在这个时代內流行这个观念:倘使不論及法律的內容而論及它的效力,法律是主权者的产物;这是把最高性質归与国家的一种观念,甚至德国的政治学說也企圖找出它的本質。在开明的專制主义时代,德国实行这个观念,并把法律看做国家的产物,卽主权者的意志,虽然主权者必须遵照自然法的規条或正义。但是,沒有一个地方这个观念像在革命时代的法国那样充分發达,在法国用民权学說把法律依賴国家确定为一种信条。

第十二节 盧梭的民权学說

盧梭主張的民权学說,同中世紀和以后的名称相同的学說不同,因为它把国家和社会完全混为一談。在盧梭看来,社会(人民)就是国家。从前承認社会和国家是互相对立的;人民——好似一个社会——用一种服从的契約服从統治者,因此組成国家。但是据盧梭說，社会（人民）是一个賦有統治自身成員的"有生命的和类似人身的組織体"。他和他的前輩一样，从社会契約探求这种团体的起源和法律基础，这种社会契約特別認为統治成員的总体的主权是正当的。有了关于一个有組織的、像一个人一般地作为幷具有統治其成員的权力的社会观念以后，政治学說內便出現了一种新的和有效果的观念。这是第一次假定一种非个人的权力。在盧梭以前，設想个人权以外的任何权力是不可能的，国家的权力被看做一种附屬于特定的个人的命令权。盧梭抛弃这种个人权，因为他以为国家的权力不过是社会統治其成員的权力，因此是一种不能讓与的非个人的統治权。所以，每个政府不过是一个"国民委員会"而已，执行随时可以取消的命令。按照这个見解，社会被認为具有一个意志——一般的意志——在創造这个意志的时候，成員的确參与，但是这个意志幷不因此同众人的意志混为一談。这个社会团体的意志是实体法。社会（人民）統治成員的权力在实体法內表现出来，幷且没有比这种表現人民意志的法律的权力更高的权力。倘使对盧梭的政治学說只从它的主要原則来观察，而不对他从古代各种学說——社会的說明以及用社会契約确定它的主权——抄襲的那些来評論，我們或者已經在政治学說里看到它显然含有的近代国家观念的原則。这个观念，为了說明国家观念內含有的权力認为它的出發点不是一种幻想的主权者而是社会。在某人認为社会是中心的事实的时候，他自然归結到国家权力的基础——法律。因为社会是从法律产生的一种制度，在这个制度內确立那种維持社会利益的整个有机体的組織、机能和权限。后文將要表明，称这种利益的集合体是"国家"或者是不妥当的。

但是实际上，旧的主权观念仍旧流行，不过推广及于人民；仍旧有人主張法律是主权者的意志，現在就是人民的意志。因此法权独立性的学說不能够确立，立法被看做法律的唯一来源。德国的政治学说是这个惯行的盲从者,除掉下述一点:它用"国家"概念代替人民,把"国家"看做主权或者权力的表现,并且把法律看做"国家"的意志,使法律依赖权力。因此卢梭的言论也适用于这个学说:"倘使强力制定权利,那么结果随原因变更,并且制服第一个强力的任何强力将继承它的权利。"① 这个政治学说对于"什么东西能够使它(政治的服从)合法"②这一问题并不介意。

第十三节 在立宪制度下近代国家观念的發生

卢梭的政治学说所不能够达成的——因为它把法律的权力和主权者的权力混淆起来,从而把新旧两种观念结合在一起——由立宪制度的实施完成。这个制度创立一个由人民和从人民中选出的机关——代议士会——与同国王联成一体的历史上的旧主权相对立,因此發现主权者的权力以外的一种权力。倘使有人还要用旧的术语,那么人民和主权者仍旧对立,但是不再用一个契约顷刻间确立或限制主权者的权利;它们像宪法的永久要素一样继续对立。现在国王也被看做宪法的一个要素。在事实上和理论上,同主权的旧机关相对立的新机关的重要性,在最初是不可信的。我们能像慕尔(Von Mohl)那样假定吗?就是说决定权仍旧留给主权的旧机关,并且把民众议会看做人民的机关,看做供给主权者报告的来源,而不把它看做一个国家的机关。当批准民众议会成为主权者许多法令所不可少的时候,这个见解很快被证明是不足取的。哪一种不属于主权者的权力因此加到他的法令上去?或者能認为主权在国王和民众议会间划分吗?这并不能说明它为什么是一个赋有主权的"人民"的机关。然而这是要求说明的,因为民众

---

① "Contrat Social", Liv. I, Ch. III.
② Ibid., Ch. I.

議会参与完成国家大事,被認为是立宪制度的一个重要部分。

立宪制度的發达澄清了这些問題。最初,这个制度引用分权学說,因为赋与民眾議会的职务之一是限制主权者的权力,以防止濫用。这种限制采取立法的节制形式。"立法"这个字含有民眾議会合作的意义。凡要求民眾議会批准的称为"立法";因此这个字有一种形式上的意义。关于民眾議会的合作范圍或关于哪些应該和哪些不应該由立法規定的問題,沒有一定的意見和一定的慣例。对于私法和刑法上的变更,立法是必要的;反之,对于有关公安和警察的章程,立法就不必要。所以,在修改宪法的时候,公然利用时机扩張立法的节制,并为了公安而限制主权者的独立行为。

随着法規的增加發生了如下的观念:立法是主权者的行为的"基础",而不只是主权者的天然权能的一种限制。这个观念發生后,主权者喪失了他的独立的一部分,因为他把立法看做一种幇助,因此他的主权者的性質已經喪失了。这个观念在所謂"法治国家"內完全实现。它在邏輯上含有这种意义:民眾議会的合作是一个必要的条件,沒有这个条件,主权者的意志不能够取得法規的性質。所以,照这个样子,立法这个名詞,在决定民眾議会的資格时,得到一个"实質的"意义。在把立法权委托于国王和民眾議会的时候,不再想指派参与制定各种法律的机关,但是想指派一定的职务,即制定法律的职务。因此很明白,民眾議会充作"法律的来源";至于主权者,在他保留一部分立法权的地方,也取得"法律机关"的性質,并且只在論及这个职务的时候才能認做主权者。主权者的观念經这样一变化,并且不包含在命令权之內而包含在参与立法职务之內以后,新的国家观念就产生了。这个观念認为国家固有的統治权完全包含在法律的命令权之內;因此認为这个統治权存在于有法規的地方,至于这种法規怎样制定,則非所問。这个国家观念在已經实施共和政体或議会政体的地方首先完全表现。但是,在君主的批准权仍旧是一种存续的权利的地方——例如在普鲁士（从前）——主权者的旧观念并未完全消除。因为批准权可以看做一种固有的命令权的执行，并且事实上往往这样。所以，它不是一个法律机关的机能——像近代国家观念所要求，同民众议会的机能立于同等地位的一种机能。法律的单独的统治权，只在立法完全操在民众议会之手的地方才产生，因为民众议会从它所代表的东西——国民的正义意识——得到它的意义。所以它是统治权和法律的命令性质所由获得的精神力的所有者。

第十四节　法律的权力代替主权者的权力

什么东西使主权观念——一种单独有效的命令权的观念——让步于法律的权力呢？这个问题的答复可以从下列事实内看到：立宪制度实施后，社会重新得到它本身的立法机关——民众议会。在中世纪内，正因为失去了这种机关，产生了一种以本身为基础的主权。没有人否认，在君主政体内发展到顶点的这个权力，在一切国民生活中占重要地位，并且文明是由个人的统治促进的。并且还承认：这种个人的权力，在人民达到某种文明阶段的时候，才失去存在的权利，在这种文明阶段内，在公民间活动而有力的正义意识继续被感觉到，并且不只在革命与改革时才勃发。我们丝毫不否认主权观念已被证明是正当的；我们只主张：在文明的民族间现在不再承认它，因此必须把它从政治学说中除去。法律的权力显然正扩张其范围。法律的信仰正在人民的下层阶级内发展，因此对于各阶级的正义意识必须进一步地考量。不但这样，在民族国家范围以外，一个共同的正义意识正在发生，比从前范围更广的一种国际法正在产生。非个人的权力正代替个人的权力：一种精神的统治代替"Sic volo sic jubeo."。在这个概念里面，近代国家观念达到了极点,倘使法律的权力经这样确定为至尊无上,这不过是说明这个权力——因具有实际的统治权——有权要求的地位罢了。因此,在人民法时代单独统治社会的权力获得了唯一的效力。这个原始社会的法律制度,并不从一个主权者的权力获得效力,在目前广大的社会内也是这样。在这两个时代间有许多世纪,在这许多世纪内,主权者的权力同法律的权力相对抗,并且在这许多世纪内,我们看到政治学说再三想在二者间确立一种关系。主权者的权力在十八世纪达到顶点,在那个时候,法律的权力丧失了它的独立性,法律被看做主权者的意志。在一个立法机关开始在社会内活动的法国革命以后,发生了一个变化。这个机关逐渐达到重新确定同主权者对抗的法律的效力。政治学说又遇到权力的二元论,直到法治国家建立理论和实现以后,这个二元论才被废弃,唯一的统治重归法律。

政治学说现在必须首先说明这个统治的基础。

第三章 法律的拘束力的基础

第一节 法律主权观

法律主权学说可以看做一种对实际存在的狀态的叙述，或者可以看做应該力求实现的一个原则。

倘使这句話用作一种支配实际的学說，那么它只在除实际上有效的法律权力外没有其他权力的地方才适用。尤其它在有一个具有一种不受法律节制的权力的主权者的地方不适于用。但是，倘使这个学說述及某人对于法律所抱的理想的时候，那就大不相同了。在这种情形下，这个学說努力于实现这种"正当的"法律，因此把国家組織起来，希望实现正义的观念。这个学說可从而理解的第二种意义以为：在第一种意义內所含的狀态已經实现；幷且以为：结果，权力从实体法产生，而不是从一个主权者产生。在权力經这样确定为完全依頼实体法以后，国家發展的下一步驟是尽力改良法律的內容。

所以，法律和正义間的謹愼的区別，对于法律主权学說和对于法学是同样重要的。用法是不确定的，尤其是关于"法律"这个名詞，法律幷不常常用来同"正义"对立，但是有时同它有同样的意义。例如：当一个人談到关于法律或正义的矛盾的时候，他可以解釋为关于有效的法规的矛盾，或者关于正义观念的矛盾。所以，在起始的时候，必須主張：在研究法律的拘束力的基础时，"法律"这个名詞解釋为一切有效的法规的总体，因此，这些法规事实上是否含有正义——在布告或制定时所用的标准是否正当——这个问题，不必加以考虑。虽然立法者的意志可能是使我們承認法规具有拘束力的一种充分的理由，但是常常可以证明，立法者所用的标准并不同正义观念相合，或者只有一部分相合。研究这个标准不是我们的任务，而是法律哲学的任务。我们必须专注于现行的法律。

但是，在什么时候能够述及现行的法律呢？原则上，这引起了从前关于主权者的权力所引起的同样问题，就是：主权者的统治权从什么时候发生的呢？他为甚么能行使公民必须服从的一种权力？倘使把主权者的权力看做出发点，那么这个权力的基础可以在上帝的意志内，或者在原始的社会契约或同主权者订立的契约内，或者在强者支配弱者的天然权力内得到。在另一方面，法律主权学说只注意在人的精神生活内看到的，尤其是像正义感觉或正义意识一样在我们内部活动的那一部分精神生活内可以看到的权力的基础。所以，现行的法律包括从人们正义感觉或正义意识发出的各种一般的或特殊的、成文的或不成文的规条。在法律主权学说看来，权力的基础存在于一个内部的力量内，而不像在国家主权学说那样，存在于一个外部的权能内。对于从这个权力产生的特殊规条的内容，不曾加以评判。事实上自动表现的正义意识——包括一切缺点——被认为是权力的原始来源。

法律主权可以看做现存事实的一种记录，或者看做应该实现的一切事务的一种状态，假使社会成员的正义意识不加节制，假使一切权利和权能完全从此产生，那么现实就与学说相符了。假使任何不受法律制裁的权力能够顺利存在，那么那个学说还没有实现，或者还没有完全实现。在后一种情形下，隐含人民天然受制于这种权力的主权观念仍旧存在。总而言之，我们可以说，法律主权观念在西欧各国实际上得到胜利。在东欧各国，尤其在德意志、奥地利和匈牙利，现在（或者从前）并不完全这样；因此，在这些国家内，法律范围以外——虽多少被法律所限制——的主权观念，仍旧是政治学说的基础。在事实上力持这个观念的地方有一种二元的权力,这种二元的权力的难以维持,我已經在我所著的法律主权学說一書內說明了。但是,法律主权学說的原始貢献并不是主权的权力和法律的权力的消灭。采用从主权者的权力获得法律的权力这个手續可以实现統一,事实上在十八世紀已經实现了。这个学說的原始可以說存在于下述事实:"它已把从前常常在法律以外的东西纳入法律以內了。"主权的非实际性及其缺乏任何实在的基礎,使不得不研究任何权力和一切权力的基礎。在謹慎研究实际的应用时,顯然必須承認法律——制定的法律——不但是公民的权利和义务来源,而且是所謂主权者的权利的或者政府的一切构成权的基礎。自从采用代議制度以后,这个見解逐漸为人所承認。它成为一种法治国家学說,法律主权学說不得不从这个学說推断必要的結論。

但是,在法律被認为一切私人权利和政府权力的基礎以后,一种規条怎样得到法律的性質,换句話說,怎样具有拘束力,也必須加以研究。因为說明包含旧主权观念的各种抽象的人格,如国家、立法部、人民或議会,已經沒有充分的时間了。必須發見一个有最高現实性的主权者。这一任务因下述事实易于完成:这种研究与法学界的新运动一致,这种新运动否認制定的法律和普通的法律相同,并且产生所謂自由法学派。这个自由法学派也研究法律效力的基礎。这兩种运动的第一步努力是达到国家的和法律的实体說。所得到的見解是:法律的及其規条的拘束力的主要基礎,并不存在于人的外部,而是存在于他的內部,特别是存在于他的精神生活內,这种精神生活表現在他的正义感和正义意識內。

第二节　法律的权力是意志的支配

但是,在我們企图更确切地决定上述法律基礎以前,必須考虑其他两个关于法律的拘束力的学说。这个权力或者从服从法律的许多人的意志得到，或者从被认为主权者的一个统治者的意志得到。这两个学说中的第一个曾经葛罗休斯加以最明确的解说，他认为社会成员间所订的契约是社会的来源，从而也是法律的来源。他主张实际存在的法律的拘束力不能用别种方法制定。"因为拘束他们本身的某种方法必定存在于人们中间，其他自然的方法是想像不出的。"① 假使我们问契约在甚么地方得到它的拘束力，答复是：具有"履行契约"的要求的自然法。这个契约由加入团体加以证明；据假定，经过这个行动以后，个人已经明白承认或者暗中承认直接或间接从团体产生的许多规条的权力了。"因为已经加入任何团体或者自愿服从任何个人或许多人的那些人，或者明认或者在性质上必须默认：他们应该遵照团体的多数或者有权力的那些人所应决定的一切。"②

卢梭根据这个观念构成他的国民主权学说，并且像凯尔森(Kelsen)在其国法学的主要问题("Haupprobleme der Staatsrechtslehre")一书内正确批评的那样，它甚至在目前还常常表现在法律的和政治的学说内。它尤其可以从皮尔林(Bierling)学说中看到，他的"承认学说"("Recognition Theory")的根本观念与契约学说一致，因为他把社会成员承认法律这件事做为法律的拘束力的根据。在制定许多法律条款的时候，偶然遇到同样的见解，例如：在使用"他们约束自己"这一类辞句的时候，意思是：有拘束力的是人类意志而非法律。有时人类意志用作法律的基础，例如：在解释关于死无遗嘱的继承(Intestate Succession)和所谓处分法(Dispositive Law)的时候。

同法律的拘束力得自"个人"的意志的观念相反的观念是：承

---

① "De jure belli ac pacis, Prolegomena," Sect. 15.
② Ibid.

认这种拘束力直接来自"主权"。按照后一个观念，主权者不是由许多人确立，而是由一个神的制度，或者社会所固有的（天主教的见解）。所以主权者的权力是最后的，并且由此产生法律的效力。

这两个学说都具有下列见解：假定意志是法律的拘束力的基础。在第一种场合，它是个人的意志；在第二种场合，它是主权者的意志。在第一种场合，法律的基础在人的内部探求；在第二种场合，在人的外部探求。

当法律的拘束力得自一种终极的主权的时候，法律的"客观"效力最明确。规条是否与个人的精神生活相关是不关紧要的；只因为法律是主权者的意志，所以它有效力。那偶然服从这种主权者以及生活必须受这些规条影响的人民的精神生活，在原则上对于主权者的意志毫无价值。主权者可以考量人民的正义感觉和正义意识，并且事实上因便宜的动机而想这样做，因为他要对付阻力和确保对于他的命令的自动的服从；但是，在原则上，主权者所制定的规条具有一种完全独立的效力。

把个人意志当做规条效力的根据的另一观念，使法律丧失了一切客观性。假使规条是能够发生效力的，它便有效，否则，便无效；但是，按照这个观念，规条的精神内容得到正当的地位。一种法规的目的在于支配个人的精神生活，而讨论中的学说则是在生活与规条之间确立一种调和，以供给这种支配的条件。

第三节 对意志支配的批评

这两个观念没有一个是能够成立的。后者不能够成立的原因是：以支配人的意志为目的的法律不能从这个意志得到它的拘束力。由这个观念确立的调和不是个人的正义意识和规条内容间的調和，而是他的意志和規条間的調和。因此法律丧失了它的规范性，完全丧失了它的客观性，并且与现实冲突。

另一个观念不能够成立的原因是：事实上没有一个赋有主观的命令权的主权者。傳统和历史仍旧可以用君主和帝王的尊号来延長个人权的假托，正像这种假托仍旧在正統派神学內占有一个位置一样，这个正統派神学为了它的信条使用这种权力。但是事实上我們不能再承認赋有强求服从的权利的人了。目前也没有相信人民应該有一种服从的权利的任何甲科平党員（Jacobin）①了。不但这样，我們能够根据合理的基础，証明这种权利是一件不可能的事，因为这种权利的所有者不是一种生物，而只是一个观念。国家是权力的所有者的这一观念坚持得最久。但是，因为德国学派在实踐方面以及在使国家也受制于法律的那种法治国家学說方面，不能够維持这个观念，因此証明它也缺乏实际性。

第四节　法律效力的条件

虽然上述兩种关于法律效力的說明都难成立，但是每一种根据它本身的观点对法律意义所抱的見解，还保持其价值。因为，假使法律被認为一种規条，那么就必須具备兩个条件。第一，它的效力必須以一种站在人的意志以外的权力为基础，因此对于这个意志具有客观性。第二，因为法律的目的在于决定行为，所以它的規条的內容必須同适用法律的人們的精神性質一致。

第五节　法規的基礎

这兩个适用于各种規条的基本条件，本書所辯护的法律义务

---

① 甲科平（Jacobin）是1789年法国革命时急进的民主主义者的会社或俱乐部中的一員——譯者。

第五节 法规的基础

学說認為非常滿意。这个学说認为人的精神性質是它的出發点。它重视人类許多感情——有的發达,有的不發达——中的一种,卽正义感情。这种感情——包括它不大發达的形态卽正义本能和發达的形态卽正义意識——在人类間同道德的、审美的和宗敎的感情一样發生效力,姑且不说其他的感情,如爱情和友誼。这种正义感情,同其他感情一样,幷不依人类的意志而存在;在它的种种作用內,它是独立而不依賴意志的。这种感情在某些人身上表現得比較明显,在另外一些人身上則不那样明显。但是完全可以把它看做一种自然的和普遍的人类冲动。在这里不必研究它是不是人性的最后的和难以变更的一部分(好像我們自己所要主张的),也不必确切地規定它和其他精神力——如道德的意識——間的界限。为了达到我們的目的,只要确証这个正义感情是引起关于我們自身行为和他人行为的特殊反应的一种普遍的人类冲动,已經足够了。从"这个反应产生的规条是法规;这种种法规对于所有正义意識被認为标准的那种人的意志也有同样的客观效力,因为正义感情是独立而不依賴意志的。

所以,法律是我們种种心力造成的無数評价中的一种表現。我們使一切人类行为,实际上使全部事实受我們的判断,我們能够区别像順序中所用的标准那样多的种种規則。这幷不是决定我們应該不应該承認这些規則的問題;我們不能用意志力对它們有所作为。我們的內部性情在有意志或沒有意志的时候起反应,我們觉得我們自身受制于某种事物,我們判断这种事物——作为这种反应的一种結果——是善、是美或是对。这种賜与和承認价值的人性的倾向,替我們确定規則的界域幷把权力給与这些規則。因此,法律的权力也可以在正义感情的反应內找到。所以,这种权力存在于人的內部而不在他的外部。

一切法的效力就以这种自然的心力为基础。沒有像敎科書上所說的法的種種來源；但是只有一種來源，即存在於人的內部，并且像其他一切評判价值的傾向一样，在他的意識生活中占有一个地位的那種正义感情或者正义意識。一切法，無論是实体法、習慣法、或者一般的不成文法，都以它為基础。不以這个基础為根据的法不是法；虽然人民自愿或被迫服从它，但是它沒有效力。所以，我們必須承認，可以有缺乏真正法律性的实体法的規条。立法机关冒險制定缺乏法律性的規条，因为立法部組織是有缺陷的，或者因为它誤解了人民的正义意識所要求的一切。在另一方面，或者更容易遇到這种情形：因为一种法丧失了它的拘束力的基础，所以它不再是法，因此不再有效了。在這种情形下，强迫——因違反法律所处的刑罰或法律裁判——是不适用的。强制是否正当，由維持法律的必要加以証明，但是它永远不能把法律性賦与缺乏這种性質的規条。純粹强力——無論像在國家内那样是有組織的，或者像在一种作乱或革命内那样是無組織的——永远不能够把根本屬於一种法規的"倫理"要素賦与一种規条。反之，强制只在用来实施法律的时候纔能够取得一种倫理的性質。因此，規条必须有明确的法律性質，它只能从天然深植於人類心志内的正义感情或者正义意識得到這种性質。

这个关于法律的拘束力的結論，不是从一般的人生观或者从一种哲学的系统推断出来，而是由实际的經驗产生的。我們将有机会反复说明这个问题，所以我們目前只要指出一个双重的意思就可以了。第一，各民族的社会生活逐渐受他們的正义意識支配。那成为一种社会现象的正义意識的势力，以及各种权力机关——尤其主权机关——的無上权的衰微，是人人明了的。因为阻碍以精神生活为根据的各种組織的發展的那些障害消除了，所以精神生活天天在增加力量。并且因为这些組織壯大了并且扩大而为各国人民間的关系，所以产生一种支配人類命运的世界意識。

第五节　法规的基础

第二——同这个重大的事实有密切的关係——假使公民間沒有一种义务意識，社会生活便不能够存在。反过来說，正义意識根本是产生种种义务的一种力量。为了保持对主权者服从的义务，必須求助于由傳統或由学校的敎訓給与人們的信条或者無意識的假托。这些保持着一种不稳定的生存，永沒有表現它們本身能够有永久的势力。反之，义务的意識是人类生活中的一种原始力，我們天天感觉到它的实际存在。这个事实充分說明法的存在和發达，以及从法产生的社会生活。

所以我們相信，在承認法律效力以正义意識为基础的时候，我們的根据是很稳固的。不但这样，只有用这种方法确定法律的权力纔能完全說明法律的"倫理"性質。法律制度的主旨，当被認为主要是一种道德力而不是一种加諸我們和对于我們本身內部生活毫無关系的統治权——好像某种东西偶然利用它来增进我們自己的利益而損害别人的利益——的时候，具有一种完全不同的性質。实驗法学派应受責备，因为这种研究法的基本方法实际上仍旧使用，或者我們可以說它从前是这样。从这个学派产生那些精巧的詭計，裁判官用这些詭計宣告一种所有价值从未經过証明的法律。对于这种制定法律的方法和对于这种方法所产生的与精神生活完全脫离关系的种种結果，已經說得够了。假使这种立法的方式現在已經廢止，这是由于了解法律的权力只能从人类正义感情和正义意識得到。这种精神的基础，在法律的行使發生問題的时候，要求繼續証明这种法律，但是幷不純粹使用从法律哲学得到的一种正义意識的各种标准加以說明。我們已經說过，法律主权学說本身可以处置"决定何者是正当的法律"这一問題，但是在这里我們討論的主要是从法的实行所产生的一种理論。因此要解答的問題是："实体"法的拘束力的基础是什么？假使在解答这个問題时我們乞援于正义意識，那么这指的是在解决各种具体的利害冲突时直接

【近代国家观念】
第三章　法律的拘束力的基础

适用的正义观念，这种正义观念在法律或命令內，在習慣內或在不成文法內表現出来。在一个哲学家或者任何局外人看来，这样宣告的法律不一定是正当的。我們必須广泛开展批評，尤其必須避免輕視同实体法相矛盾，但是同較高的正义標准相符合的行动。這兩种都是法律發达所不可少的条件。但是这都是在实体法之外的。假使这种实体法的效力从人类的正义意識得到，这就是說，成为社会生活的基础的那种意識是的确存在的。由于受無数物質和理想的要素的影响，并且由于对于应由法律評判的种种利益的性質的不完全观察，这种正义意識现在和从前不同——正像在种种經驗和事業的压迫下各个人不同——当然是可能的。我們必須討論这种多少不完全的正义意識。它的活动产生許多規条并把实体法規的性質賦与它們。由此看来，史旦姆勒（Stammler）的格言是不錯的：" 一切实体法都是制定正当的法律的尝试。"① 實踐时一定能滿足一切規条以一种有缺点的正义意識——在社会成員中受到或多或少阻碍正义意識——为根据的那种法律制度。

假使要实现一种較高的正义，必須实施人民的法律敎育。但是不能排斥能够参与当时的精神生活的任何人的正义意識。正义意識学說內所含的唯一限制是：这个意識的作用必須以它的天然境界为限，換句話說，它必須只为社会成員所了解的那些利益立法。假使他們必須决定他們毫无所知的利益的法律价值，他們的心理对于他們并不受影响的那种現象不得不起反应。不許这种人参加立法，并且不能用来否認：正义意識是法律的基础。在我們講到正义意識的性質的时候，我們將重新談到这个重要問題。

第六节　对于正义意識学說的反駁

許多人不肯承認正义意識或正义感覚是实体法的基础，那眞

---
① "Die Lehre von dem richtigen Recht," 1902, p. 31.

第六节 对于正义意识学说的反驳

是奇怪。历史——甚至目前的历史——天天在证明这个感觉的力量。它引起叛乱和革命；它颠复稳固的王朝幷建立民主政体；它变更法律和宪法的意义；它好似一阵雷雨，澄清腐败的政治空气。然而有人以为：全体人民天天在其中处理寻常事务的那种法律制度，不必有这种精神力去确定它的效力。在我們看来，这是不可思议的。倘使把承認这种精神力是实际的法律关系的基础这件事，同特殊的哲学体系、宗教信条、或政治信心联系起来，那么或者是可以理解的。但是，当这个学說从沒有人否認的种种事实产生的时候，这是如何可能呢？

我們只能找出少數理由，来大体說明反对我們的見解——可以称为正义意識学說——的論調。

一、正义意識的规范性　第一个理由存在于極端誤解正义意識所具有的对人生的意义。我們的某些反对派認为必須否認正义意識的一切规范性。它可能的确是心志的一种有价值的要素，但是它幷不强制去作为和判断。所以必須有从其他某种来源产生出来，要求我們按照我們的正义意識去作为和判断的一种规条。

这是史特罗根(Struycken)敎授的發現——至少在荷蘭是这样。他說：倘使我們問："这个本能，或者正义意識或正义感觉——無論在一般的或者特殊的文明时代——为什么有法律效力，我們只找到少数音调高强的辞句，像"自然的冲动"、"精神力"、"非个人的权力"、"心力"，"倫理力"等，但是对于問題——就是根本問題——本身沒有回答"。① 后来不久我們看到这些值得注意的話："只有'常常依照你的正义意識的命令规定'这个规律，才可以决定正义意識的內容是一种'规范'，但是这个规律将成为从外面加諸个人的一种格言。这种格言对于被看做一种心灵的现象的正义意識本身的关系很小，所以沒有人想服从它。有理性的人永不会允許他

① "Recht en Gezag," 1916, p. 20.

的行为受他的正义意識或者正义感覺的支配"① 其他荷蘭法学家，像薩华宁·陆孟敎授(Savornin Lohman)和亞納馬(Anema)敎授，同意上面引用的見解。前者更有力地宣揚這个見解，說正义意識不过是法律所由产生的心理的过程罢了；他說這种心理的过程是法律所以在倫理上拘束我們的一个理由。挨納馬敎授也以为：正义感覺是一种死的东西，必须从其他某种来源得到它的规范力。他說："假使一种不属于我的意志的規律从我的正义感覺产生，那么我不受它的拘束"。在其他地方他說："沒有人承認他自己被他本人的正义意識所拘束"。

讓我們进一步叙述這个見解的邏輯結論。這个見解的根本观念是：在我們的意識中的其他經驗和感情間有正确的和錯誤的經驗和感情。這些經驗和感情構成我們所經歷的一种特殊心理狀態。它們能够影响我們的行为和判断，幷且事实上的确如此。但是，按照上述著者的見解，我們"应该"受那种感情的支配這个問題，幷不决定于這些感覺的性质，而是决定于其他某种东西——强迫我們按照我們的正义意識規定的倫理的規則。但是从這种推論得到的邏輯推斷是：我們不能以這个倫理的規則为止境。那所謂倫理的規則本身是一种感情。我們应該按照這个感情去做。道德幷不包含使它本身的命令变成必须履行的力量，但是在道德之外有一种規則，强迫我們按照我們的道德感情去作为和判断。現在假定我們在宗敎里面找到了這个規則，那么宗敎感情的規范性反将存在于這个感情的本身之外了；它将从另外一个强迫我們按照宗敎感情去生活的規則产生。我們無法了解這种規則积聚到甚么地方才止，每种規則把規范性賦予它的前一种規則。史特罗根敎授对此沒有說什么，可能因为他还不了解。說明了這种規則的無盡無休的接續以后，我們才使用我們的权利，把它看做一种由純粹空想插入討論中的

① "Recht en Gezag", 1916 p. 25.

第六节　对于正义意識学說的反駁　　　　　　　　85

奇妙东西。反之，我們自己的假定——这是由海門士(Heymans), ①李波士(Lipps), ②杭賽尔(Hensel), ③和溫台尔朋(Windelband)④討論的——是以一个共同經驗的事实为根据的，即在构成我們意識的內容的种种感情中，有几种根本上是有规范性的，所以它們呈显于我們之前，使我們負依照它們进行判断、思想和作为的义务。这样看来，正义意識是一种心理的事实了，但是，像美感、道德意識、眞理意識和宗教感情一样，是一种特殊的事实。哪一种标准——無論有意識的或者無意識的——适用于这些情形中的每一种，和哪一部分生活被这些感覚或感情中的每一种所支配这个問題，到最后可以研究出来，但是它們的主要性質只是它們賦有义务这个事实。李波士关于各种道德的要求所說的——我們觉得我們自己無条件被它們所强迫，因此不得不实现它們——特别适用于正义感情。很明显，有某种属于正义性質的东西支配我們的意識。这个正义观念不仅是一件純粹深思熟虑的事，它激励我們的行动并容忍賦加义务的力——这是由無数普通經驗証明的，这种經驗的结果从我們本身和别人身上可以看到。我們的反对者眞不知道这个事实嗎？假使他們把正义观念的作用只看做一种和其他一切动机"站在同一水平綫上的"行为和判断的动机，那么他們把人类生活降为一种木人头戏了。但是我們曉得，最后他們也曉得，生活与这种观念有矛盾。我們輕視生存而重視名誉，輕視我們私人利益的挂虑而重視正义，輕視我們的社会的成功而重視眞理，輕視我們的个性而重視爱情，輕視我們的平安而重視崇拜上帝，輕視我們肉体的享乐而重視美的創造。在这种种方面，"客观的价值"是有

---

① "Einführung in die Ethik", 1914, p. 28.
② "Die ethischen Grundfragen", 1905, p. 92.
③ "Hauptprobleme der Ethik", 1913.
④ "Präludien", Ed. 5, 1915, Vol. II, p. 85.

效的；一切都屬於"义务"的世界。任何义务意識是絕對體的創造物。但是我們的反對者抱这种古怪的見解：以为这种絕對體，为了对于人們發生效力，必須同一种特殊的訓誡聯合起来，使同它相合。所以他們完全不明了有意識的經驗可以具有一种固有的賦加义务的力。因此他們陷于这种荒謬，認为一个人不受他的正义意識的拘束，因为后者是一种心理的現象，是和其他动机"站在同一水平綫上的。"

二、主权者的权力是法律的权力 在从前对法律主权学說进行的一切批評中，沒有一种批評根本說明了我們的实体法制度的基础。反之，附和法律主权学說的人怨言：法律的权力和主权者的权力的二元論繼續保持，好似沒有絲毫异論。問題并不是——像曾經用来反对我們的——在从前的政治学說和实际政治內是否承認主权者是权力的唯一来源。誰都不能否認这个事实。至于我們，不但承認，而且还指出这个观念的各种利益。但是，問題是：这个观念是不是可以維持的。前几代的人构成一个权力来源的概念，这个概念使得不承認一种不受法律节制而独立行动的主权者。以上所論并不引起爭論。那些主張法律学說的人所提出的要点是：这个观念是否正确。主权观念或者权力观念完全像神的观念。任何人將贊成支配前几代人的神的观念，而不加以批評嗎？然而誰將否認神的概念——甚至在人神同形同性說的形式之下——是一个重要的理想力，虽然許多人現已沒有这些想法。法律主权学說將不再在它本身的范圍內固守了。因为这个古代的神——这个發布命令以及制定和廢止法律的主权者——我們沒有其他用处了。事件的过程的反映启示了另外一个神——一个精神的神——他在这种精神化的形态中对我們行使一种統治权，这种統治权比天然服从賦有虛偽权力的任何主权者的观念所含的統治权眞确得多。我們現在經驗的以及我們逐漸更明确認識的权力，固定在我們的精神生活內。从这种

第六节 对于正义意識学說的反駁

生活产生关于正和邪的判断。从这种生活产生一种，为了得到承認，不需要假借的光荣的权力的威严。人們不了解这个新学說的程度可以很明白地从对它提出的反駁中看到：甚至在个人权支配的时候，它幷不缺乏一个法律的权限。"这种个人的权力能够經許多世紀被認为是法律；它所頒布的命令和規律被認为是合法制定的制度，这些規律中的多数直到現在保留它們的法律效力。在这里可以完全看到所寻求的实际的历史的法律权限。"我們再問：在几世纪以前被看做法律的东西，現在是否仍旧被看做"法律？"这是新学說中的主要点。社会生活回溯得愈远，法律观念就愈成为原始的。我們不曾回溯到專制君主政体發生和隆盛的时代以前，我們在那个时期看到下述的主权者的观念：賦有根本的权力幷具有对于人民的社会行为頒布命令的一种法律以外的权能。讓我們暫时假定，这構成一个"社会的合法制定的制度"。我們能因此永久牢記这个学說嗎？在那个时期观察国家的方法和現在观察国家的方法大不相同。尤其人們的意志在那个时候完全占有权力的組織，而这种权力的組織被看做国家的重要的性質。反之，在目前，因为从观察事情的实际过程所得的結果，承認国家根本是存在于社会內的一种法律关系的制度。但是，倘使我們从这个以經驗为基础的事实出發，我們必須研究一种"依法制定的社会制度"——这句話在主权观念盛行的时候加以承認——現在仍旧是变化的現实的一种适当敘述。它仍旧适用于旣沒有一个賦有原始权力的主权者，也沒有人民天然服从这种主权者的情形嗎？法律主权学說对于这个問題作否定的答复。在"历史上的法律权限"終了的时候，对于这种权限便不能滿意了。我們宁愿注意全部现实，幷主张"合法制定的制度"現在有一个基础，有异于在人們受主权观念支配时認为必要的基础。說明这个"不同的基础"和說明近代国家观念是法律主权学說的任务。

寻找这个不同的基础，幷不需要理論的考察，也不需要法律哲学的研究。指示我們法律統治的基础的是事务的实际过程,就是实际的生活。我們看到立法者不复有立法的独占权了。除了制定的法律和用来反对它之外,还有一种独立的法律制度,支配多数生活的关系。法学不得不研究这种法律制度的基础,这个基础只能够在存在于公民中的正义感情內找到。在这个问题确定以后,必須用同样的基础来說明制定的法律的統治权,因为这种立法者的权力沒有基础。不但这样,一种二重的权力,卽独立的和相对的两种法律的二元論,卽使在邏輯上不矛盾,也是难以容忍的。因此替一切法律找到了一种共同的淵源,無論它是如何起始的。这个結論引导我們走入心理学的范圍,法律主权学說从这个范圍采擇这个見解:正义意識是基本的。① 我們所遵守的整个法律制度因此回溯到精神生活的这个成分的作用。这个見解幷不排斥对这个法律制度的內容加以批評或評价。我們必須防备自然法学說的錯誤,这个学說忽视了人性的复杂性幷把人降为一个純粹法律的实体。在某一个时候認为是法規的东西,可能是对于有关的利益認識不足的结果,或者是徧祖特殊利益的偏見的结果。所以,对于前者有較深刻的認識,或者对于后者不大注重,可以得到一个不同的判断。不但这样,我們幷不主張只論述正义感情就可以使我們不必研究正义的最后标准。为了說明这一点,需要一种主要以經驗为根据的徹底研究。或者这种研究的结果将使我們不得不接受史特罗根沒有提出任何說明的那个解答,就是:在我們曉得"人类生活的最后命运"的时候,問題可以解决了。这是一項适中的任务! 这不过說,法学遇到一个很大的研究范圍罢了。它也表示这种研究必定給我們打开一条道路,这条路比实体法学派知识范圍以內的要好,因为实体法学派只把法律看做法学者的玩具。但是,在社会生活的实际过程內,我們对于多少不完全的正义意識的判断

---

① Kranenburg: "Tijdschrift voor Wijsbegeer te", 1914.

第六节　对于正义意识学说的反驳

必須認为满意。关于看做一种根本的前提的正义意識，沒有再討論的余地了；它是具有现实价值的唯一前提。我們可以对我們的見識有限表示遺憾；我們可以把它看做我們自己和別人增进法律敎育的一种迫切义务；我們要确立各种法律制度，允許每个人的正义意識評判他所知道的利益的价值。但是，在任何情形下，都不能脫离实际存在的正义意識。

　　三、法的固定性　这使我們論及阻碍許多人承認法律主权学說的第三种障害。反对的論調說，我們不能利用你們的原則，因为它使法律不固定。但是，这句話会大大令人誤会。法律必然有一种可变的价值內容，沒有人能够要求天然缺乏固定性的法律应該是不可变的。倘使有人主张正义意識所給予的一种多少不可变的法律有价值，那么这个人陷于根本矛盾了。用这种方法，一个人只能保存一种不复成为法规的規則。"法"的固定性是一个矛盾；我們只能得到"規則"的固定性。固定的規則从它們的固定性得到法律的性质，那是謬妄的，沒有人会这样主张。因此，倘使这种法律的性质有賴于天然可变的某种事物，那么一个人必定把法律解释为有可变性了。我們不必使讀者注意有一种关于这种可变性的不当的观念。倘使我們拿一种以主权为基础的法律同一种以正义意識为基础的法律加以比較，一定不会不利于后者的固定性。因为以主权为基础的法律需要継續發达，这种發达必須有賴于历史，有賴于它的原始目的，有賴于字句的正确意义，并有賴于邏輯的推断，然后能够实现。經驗証明，这种复杂的解释方法的效果是不能預測的。在另一方面，以正义意識为基础的法律是由評判各种事業的价值而發达的，并且在这种进程內，唯一的决定性因素完全存在于辯証法范围以外；这种决定性因素是在各有关系者所屬的范围內主宰的正义意識。

　　然而，內容的固定性的大小，原則上是无关重要的。由于我們不能用宗教學說給予慈善的精神的和平的貢獻来評估宗教學說，所以我們不能因希望使法律的內容易於發見而選擇法律的基礎。這種選擇必須以眞理為基礎。而被認為法律基礎的主權學說是沒有眞理的。有絕對固定性的法律，只在我們有一个法王(Legal Pope)在我們之上的时候，才能夠得到。的确，這將犧牲人們的精神生活的宝貴因素，因為正义意識將變成完全無用了。但是它在各種情形下都能用权威确定社会生活必须流动的界限。在沒有信仰者的时候，我們便沒有這種法王。但是信仰事实上存在於一种具有很狹小的权力的生物內，因此我們在法律和政治學說內找到一种法王。然而他是沒有能力的，因為正和國家的一切職掌用立憲君主的名义執行一样，他只得到各種外力得来的名望。这个法王就是主权者。凡不能抛弃常常反映他人动作的自动論的信仰的人，事实上是在辯護虛偽而反對眞理。同其他一切規則一样，法律必须以人類的精神為根據。凡是相信法律的統治权不需要这个基礎的人，都是在欺騙自己。凡是为了保存法律的固定性而假定主权的人，都是把减弱法規的拘束力，从而應該永远不在構成任何假設的时候使用的种种要素引用在法律概念中。當一个人要求一种規則的固定性而不顧到它的內容是一个正义的原則的时候，这个人在要求只有犧牲規則的法律性才能夠得到的东西。規則的固定性的程度不及它以正义的原則為基礎重要。凡要求一种较大的固定性的人都否認这个基礎。

四、力和法 還可以指出反對法律主权學說的第四个理由。有人駁斥这个學說是片面的，因为它只討論正义，但是力的要素也必须加以考量。保罗·史哥尔吞(Paul Scholten)敎授說，法律的重要性質存在於它的理想"和"事实——規則"和"力——的雙重性內，這是法律主权學說所完全誤会的地方。薩华宁·陆孟敎授也重视这一点。不过他从國家出發，並且認为：說明國家的一种理論

第六节 对于正义意識学說的反駁

"必須考慮力和法兩種要素"。

我們只能引述我們对于法和力的二元論再三提出的批評来答复这个反对的理論。我們相信,主要点已經得到充分的重視。不过,第一,我們必須注意在說下面这句話的时候發生的兩种思想体系的混乱:"正如个人有力的意識和正义意識同时存在一样,也有力和法的二元論存在"。意識包含正义观念以外的其他感情——例如对于力的要求——这个事实,可加以承認而無庸多辯。的确,我們在从前述及妨碍正义观念的作用的辩論中曾反复申叙这个事实。我們也曾經注意到可以全部或部分消灭这个障害的方法。但是我們的精神生活的多少正确的分析,对于法律主权学說的本質沒有关系。这是包含在下列見解内的:除了法律再沒有权力可以被認为是合法的,因此,除掉从"法规"以外,不能产生服从的"义务"。誰都明了,社会关系常常为个人独立行使的或借警察的助力行使的物質力量所确定,并且也为預先假定一种物質力量的背景的那种意志力所确定。我們的学說并不否認这点。它只否認:按照现行的法律和国家观念,应该有一个地位使主权者对于行政和刑罰能够行使权力,并且人民对于他的关系是处于一个服从的狀态,同时还有由法律制定的别种服从。这是法律主权学說所反对的二元論,反对的理由并不是因为它是一个二元論,而是因为现在知道对于主权者天然服从的关系只是一个假設,因为主权概念只是一种不现实的論理的解释,因为沒有地方能够指出主权的基础,并且因为一种服从的义务——沒有这种义务社会將分崩瓦解——不能用这种方法从实际的事实得到,也不能認做一种假設。法律主权学說的这种消极方面沒有受到批評者的辯駁。但是对于它的积极方面提出的反駁,尤其亞納馬(Anema)教授的反駁,是不公正的。他說:"假使他(本书的作者)承認这个对立(主权者和法律間的对立)与力和法律間的对立相同,并且假使他因此主张从前一切是錯誤的和現在一切是正當的,那麼他犯了一個嚴重的錯誤"。法律主權學說從來不曾犯過這種錯誤。它重視這個事實:按照從前的見解,各種政府權力的全部組織有它自己的基礎,而不是社會的法律制度的產物。我們現在對這個問題的看法不同,因為我們已提出主權的合法的權限問題。我們已經明白,普通假定的各種合法的權限沒有一種能夠確立一種服從的義務,因此主權並沒有固有的基礎。反之,假使把法律看做一切權力的來源,那麼情形就不同了。這並不是說,並且辯護這個學說的人也沒有說過,"從前一切是錯誤的,而現在一切是正確的"。這只是說,從前關於主權的一切見解不能再加以承認了。這種情形正像奴隸制度、什一稅法和其他類似的東西一樣,從前普遍被承認是合法的制度,但是現在不再被承認了。

如果認為法律主權學說必須解決力和法的對立,那也是錯誤的。沒有人反對力和法都是形成社會生活的一種要素。也沒有人反對,法律往往靠力的使用和權力而發展的,或者它仍舊照這種樣子發展。這不但可以從種種革命內看到,並且也在用法律實施強迫——例如在議會內、罷工時所採取的阻撓策略——的情形下看到。最後可以証明:在這種情況下使用暴力是正當的,因為雖然它多少破壞了和平,但是目的在於發展法律制度。在另一方面,我們必須堅持,法律逐漸構成它自身的發展方法,並且逐漸不需要它本身以外的一種權力幫助它實現這種發展。在立法的組織完成以後,尤其在立法的分權毅然實行以後,力不再是立法上的一個要素了;法律的改善不必再用突然的行動和破壞和平的方法進行了。

以上所說存在於法律主權學說的表面上。但是,它主張力和法對立的主要理由是:它不再把官吏、警察和軍隊在行政和刑罰上行使的權力看做和國家或主權者相同,並且把這種權力同法律相比較。反之,它把這種權力看做一種法律的機構,看做支配社會生

第六节 对于正义意識学說的反駁

活的法律組織的一部分。用狄驥的話来說,有組織的强制(行政和刑罰)是必須依法組織的許多公务之一。按照法律主权学說,必須抛弃下述信仰:这种强制——作为国家或主权者的一种表現——应该独立存在。

不但这样,这个学說同各种特殊的社会力所表現的各种形态的社会学的研究并無关系①,因为它只注意从服从的义务所产生的那一类权力。这种义务只能够从法律得到。实际上存在于社会內的各种力的关系,只有在这些关系影响正义意識的作用,并且因此使它不得不減少它的不良結果的时候,才加以研究。但是,在这方面,社会的力并不异于也可能危害法律的有效公布的其他要素。在另一方面,像維賽尔(von Wieser)所說,法律是权力的实际关系的一种組織,实在是片面的,因为这种說法没有考虑社会生活的复杂性。在社会內,不但有必須經法律限制或廢止的一种事实上的力,并且还有影响正义意識的作用——有时限制它,有时扶助它——的其他許多心理的变化,同正义意識相对立或并立。法律不但克服力,并且也克服其他种种利己的行为,法律不但由人們的正义感情并且也由存在于人类心灵內的种种美德和精神价值維持它的拘束力。

所以,我們的最后結論如下。权力和力有無数的形态。这些都有一种共同的要素:强制人們"服从"。政治学說在这些服从的来源中探求服从的义务所由产生的一种,而不探求原有这种服从的义务的一种,除掉法律,它的賦加义务的力是存在于人們的正义意識內的。因此国家的权力不过是法律的权力罢了,而广义的国家概念应该追溯到存在于一个民族內的特种法律制度。

---

① Cf. von Wieser: "Recht und Macht", 1910.

第七节　法律是一个团体的规则

除了研究法规的拘束力以外，还必须研究它的实体和内容。根据这个观点，我们可以說：为了达到种种社会目的，法律节制人的行为，因此好似一个团体的組織。当然，它不問这些团体是不是暫时的，或者是不是因为永久的目的而組成的。在兩个人訂立买卖契約的时候，一个团体便存在了。法規决定同这种契約所生的义务相关的兩个当事人的行为，在义务履行以后，团体便告終了。更耐久的一种是依照会社、商業公司和財团等組織构成的团体。最久的是以管理公共事業为目的的团体，例如：堤防委員会、地方自治团体、省、州、联邦和联邦国。

倘使每个团体以一种社会的目的为基础，那么用来达到这个目的的规则，对于团体成員必定有同样的拘束力。目的的統一决定"法規的統一"。因此，对正义所具有的一种共同的确信存在于对这些团体發生效力的那些法規的基础上。單从一个人的正义感情产生的规则只是支配这个人的意志，因此不能成为团体的规则。一个团体成員按照比团体规则更高的一种正义标准过生活，当然是可能的，并且并不是不常有的；但是这只是說，这个人觉得他本人必須做一切人必須做到的"倫理的最低限度"以外的事。

被看做一个团体的规则的法規，要求一种对于正义的共同信仰。經驗証明，这是可以达到的，不过以某种程度为限。第一，应該謹慎地記牢，各个人的特殊正义意識是沒有的，意思是說正义的标准因人而异。有一种以普遍地有效的規范为基础的眞理标准，它与詭辯家所持的眞理，即只有个人的意义的主张是相反的。同样，在法律內也有一种判斷正誤的普遍而有效的标准。并且，海門士①曾經說过,在倫理学也同样。因此,我們所以对正义抱不同的意見,并不是由于应該实施的那种标准,而是因为法律評价的对象在我們的意識內起不同的反应作用。这个对象是人們的团体生活,因此是与它有关的各种行为的方式和种种利益。倘使我們能够适当地認識这些对象,那么我們对于正义的信仰將沒有差异了。但是,第一,現实只是一部分地深入我們的意識。第二,虽然它到了我們的心里,但是因为我們的先天的或后天的意趣不同,所以对我們的影响就不同。因此,法律評价的对象各人看法不同,而这种看法的不同产生对于正义的不同信仰。但是这种不同的看法,大部分被人們思想的交流、敎育的一致和环境的影响所消除。由于这种交換变成更重要、更繁多,所以使观念統一和造成价值的共同意識的可能性随之增加了,因此使更多的人对正义抱一致的信仰的可能性也随之增加了。反之,正义意識上的巨大差別將妨碍一种單純的法規的完成。結果,团体可能瓦解。因此它的目的不是不能实現,就是只能在具有發展統一法規的条件的那种分裂的团体內实現。

但是,卽使这些条件存在,对于正义的信仰的一致將很少遇到。所以,一种团体的規則,換句話說,一种單純的法規——不管关于它的內容的不同意見——怎样能够得到,就成为一个問題了。

第八节 多数表决原則

这个問題的解答,在習慣法的场合,最为困难。因为在这个場合,法律的效力必須直接以共同的正义意識为基础,虽然承認法律的效力对于缺乏这种意識的人,或者对于主張正义意識有不同的內容的人,也有拘束力。在成文法的场合,我們能够并且实际上用

---

① "Einführung in die Ethik", 1914.

立法者——他的意志制成法律——的擬人化方法,使問題簡單化。一種單純的法規認爲是從立法者的意志的統一得來的。在另一方面,在習慣法的場合,不可能創造這種主體,至少像在本書內,承認法律的效力應該以人們的實际正义意识爲根據的情形下,不可能創造。的確,历史法学派从一個主体,就是"民族精神",得到習慣法。它因此假定一種不屬於个人的意識而獨立的力,但是這種力喚起在各个人有同樣內容的法律裁判。因此,在历史学派看來,習慣法的效力是以不屬於具體的正义意识的一種超意識("民族精神")爲基礎的;它對於"一切"个人所生的效力都是由這个較高的主体的統一確定的。但是我們主張,法律的統治只以具體的正义意識爲基礎。所以,在我們看來,一種法規的存在,同時一種关于規則內容的不同見解的存在,還没有加以說明。

苏佩(Schuppe)——他关于習慣法所寫的論文①是默默無聞的——在說明法律的拘束力的時候,也重視具體的正义意識,但是他爲了証明習慣法是以對於正义的"一般的"信仰爲根據這一點,陷於虛構的迷途。他想用這種論點駁斥齐德門(Zitelmann)②的下述主張:倘使習慣法起源於人們的正义意識的作用,它只對服從它的那些人有拘束力。

苏佩想避免這種兩难情形,所以他說:背离習慣法的法規的行爲,或者由於對正义抱不同的信仰,或者因爲正义感情爲其他冲动所克服。在後一種情形下,行爲是錯誤的;在前一種情形下,正义或法律與其他正义或法律相對立。但是這種對立是实践所不許的,所以苏佩想設置如下的規則來解脱自己:"你們對於正义應該有共同的信仰"。关于這一點我們不能同意博学的作家。一个人

---

① "Das Gewohnheitsrecht", 1890.
② "Gewohnheitsrecht und Irrthum", Archiv f. d. civil. Praxis, VI. LXVI.

第八节　多数表决原则

由設置一種义务来得到一種义务,是毫無進步可言的,因为每種义务必須以有义务的人的信仰为根据,而苏佩設想的,正缺乏這種信仰。不,齐德門是完全對的;在他用来解釋历史学派的那種見解中的習慣法,只對服從它的人有拘束力。換句話說,假使習慣法從具体的正义意識的作用得到拘束力,那么只有感覺這些作用的人才服從它。然而,在習慣法存在的地方,事實上它也适用于所有正义意識同它對立的那些人。這是說:他們"應該"按照加諸他們的法律做事么?假使是這個样子,那么在他們看来,這種法律的效力并不存在于他們自己的正义意識的作用內。因此我們給予這些規則的拘束力的解釋也不得不拋弃了。但是不能够把它拋弃,因为除法規同人們的正义意識相符合外,沒有法律的拘束力的眞正基礎。

因此,這個困難的解決必須在其他地方寻找,這個解決,在記牢前面所述法律是一個团体的規則這個事實的時候,才可以找到。因此法律不能够包括互相抵觸的規則。一個团体的目的只在有統一的規則的時候才能實现。所以,有統一規則的价值是很重要的。這是"最高的法律价值",比屬于規則的"內容"的价值还高,因为有統一的法規是達到团体的目的所不可缺少的一個条件。這個目的可以用各種方法完全實现,但是沒有統一的規則便不能實现。所以我們的正义意識認为統一的規則有最高的价值,必要時,牺牲一種在另外情形下或者需要的特殊內容。

假使上邊對我們的正义意識的分析是對的,那么,为達到統一的法規起見,必須牺牲何種內容的問題發生了。倘使团体成員間的正义意識對于應該服從的規則有不同的意見(假定正义意識在性質上是相等的),那么"多數"成員愿意認做法規的那些規則有較高的价值。統一的規則是必要的。假使參与立法的人有同等的重要,那么各種規則間的選擇只能够由同意于每種規則的人的"數目"決定。但是，假使必須用數目決定，那麼就接受"多數"贊同的規則了，因為規則為多數所接受這個事實表明它具有比任何其他規則都高的價值。假使把這個事實記在心上，那麼就明白看到：習慣法的統治的解釋——甚至在那些對於正義抱不同的信仰的人看來——存在於這個事實裏，就是：統一的規則的法律價值證明這種統治是正當的。那些寧願受不同規則節制的人，不能夠任意胡為。卽使按照他們自己的正義意識，在他們所屬的團体內有統一的規則要比有他們所願望的規則重要。因此，對於信仰與規則相符的人來說，服從習慣法的義務以規則的"內容"的價值為根據；對於其他一切人，則以具備"統一的規則"的價值為根據。這是說："在量方面"具有最高法律價值的規則，必須認為是有拘束力的。在這種地方，較高的價值是按照量決定的，幷且習慣法的規則經"多數"的正義意識加以贊助後馬上出現。以正義意識協助立法的人是誰，對於習慣法的存在是無關重要的。

同樣的事情當然也適用於成文法。在有代議士會的地方，代表的正義意識對於立法有同等的價值。在這種地方也是多數贊同的規則——例如在量方面具有最高法律價值的規則——變成團体的規則。

對多數贊同的規則的法律效力的自然證明，遭到要求由半數以上變更實体法的規則的那些規定所反對。許多憲法規定修改時須得半數以上，有時三分之二或四分之三國會議員同意。這種規定沒有法律的價值；它們不是法規，所以沒有拘束力。倘使單純的過半數表示贊同法律的某種變更，那麼法律便因此無用了。因為新的法律須得半數以上的贊同才能有效，因此少數人的法律將繼續有效。換句話說，較高的法律價值將因較低的法律價值而牺牲，這種較低的法律價值——倘使全体國會議員都有同等的重要性——不但顯然同這個平等原則相反，幷且也削弱了作為團体的規

第八节　多数表决原则

则的法律。这正是因为法律是团体的规则,所以必须有一种统一的规则。倘使不采用單純的过半数制度,那么就可以确立两个或更多的规则,因为在这种情形下,一个数目可以包含不止一个少数。最强固的法律显然是所有內容为立法机关全体成员赞同的规则。因为常常使用單純的多数,规则的法律价值將日益由"统一的"规则的价值决定,直到單純的多数消失为止。超越了这一点,"统一的"法规的整个法律价值便丧失了(的确,这并不影响规则的內容的总价值),因此规则不得不丧失法规的性質。但是,在修正宪法需要半数以上表决时常常遇到这种情况,倘使單純的多数对现行法律表示反对,但因缺乏较大的多数,这种现行法律仍旧有效。现行规则的保全只是表示它們將繼續令人服从,而并非表示它們真正是法规,从而应该服从。

因此,总而言之,我们可以说:虽然法律概念一方面决定于规则与人的正义意識的关系,但在另一方面,它的性質还受它与团体生活的关系所节制。倘使法律与人的正义意識分离,便丧失了它的法律性并且它的统治就告终了。倘使法律与团体的利益分离,它的规则也不再是法规了。它事实上或者是一种很有价值的规则,然而它属于别种界域而不属于法律界。倘使我们不考虑法律取得效力的那个界域,我们就不能够谈正义意識。正义意識有它自己的对象去评价。同邏輯学支配思想一样,正义意識支配团体生活的界域。关于这个特殊的对象,具有一种"统一的"规则,比规则具有一种特殊的"內容"更为重要。因为,除承認多数表决原则外,不能有一种统一的规则,所以支配我们的意識并使正义意識在我们內部起作用的团体生活,具有遵照多数赞同的规则管理我们的行为的义务。

第九节 对反对多数表决原则的辩论的批评

多数支配原则给反对者提供了攻击之点。某些人认为，依赖数目决定正误是不合理的。还有人反对：一个有秩序的团体是由一种"無政府主义的"要素——个人的正义意識——構成的。有时有人告訴我們，"片刻的多数"的决定可以被"單純的幻覚"所支配。最后，有人宣称：这个理论只是重演盧梭关于"一般意志"和"众人意志"进行的徒劳辯別而已。这种批評似乎足以断定，把多数的意志看做法律的那种理论是不对的。

我們打开荷蘭宪法，讀一讀第一百零六条："关于寻常措施的一切投票，由單純的多数表决"。这是一个錯誤嗎？这是在一切宪法內重复的一个錯誤。所以弊害傳播得很广，这更使得我們必须了解，这里所述的簡單解釋何以在这个国家和其他地方長期以来不能为人所了解。我們怀疑，不了解的緣故純粹因为用單純多数表决的立法是不可免的。否認这种普遍有效的規則是以完全誤認事实为根据的。科学在这种地方所能为力的只是解释規則幷証明它为什么是不可免的。不特別叙述立法問題也可做到这点，在这种情况下，問題純粹是心理学的。或者，在另一方面，可以对立法特別加以解釋。在这种情况下，应该答复的問題是：假使法律的拘束力是从个人的正义意識得到的，那么多数人的表决怎能制定有拘束力的法律呢？

心理学的解釋可以从关于自由选择的思想过程的辯解內看到。在我們企圖实现一种特殊目的的时候，我們想評价这个目的的实现对于我們生活的种种效果。有些效果将同我們的志向一致，有些将同它們相反。但是我們不能探究这些效果幷評判它們的价值。我們是理想的也是实踐的生物。有时我們不得不省略这

第九节　对反对多数表决原则的辯論的批評　　　　　51

种手續,所要实现的目的,由于驅使我們行动的感情比阻止我們行动的感情強或弱而变成我們意志的对象或否。甚至在这方面或其他方面的最小差别也决定我們的行动。这是一种無可避免的心理学上的必然。所以反省达到終結的一刹那最为重要。按照当时所要实现的目的适合我們的志向的那种关系,我們的意志具有某一种內容。因此我們差不多常常多少受这种决定的影响,因为我們人格的某部分將遭受損害。我們生活的复杂性使我們不得不順从这种灾难。例如:在未成熟的个人或人民間,人性愈不复杂,这些不幸和不满的原因就愈少。但是,因为人格的差异逐漸增加,所以冲突就增加,决定就更困难了,直到我們抑制我們的全部生活,去实现特别宝貴的目的,以达到战胜这种复杂性。

　　当一个人类集团須完成某一任务的时候,同样的事情發生了。为了达到他們的目标,必須实现各种目的,必須作出各种决定——集团成員对这些决定可能有不同的意見。当作得出結論的方法的多数表决原則的效力,在人群中同在贊成或反对一种决定的那种自由選擇的思想过程中是一样自然的。沒有其他方法能够用来統一繁复的意見。只有减少或除去这种繁复,才能不用这种粗率而省事的方法。

　　事实上,取得自由的方法的确存在于每个团体內繁复的减少或消除。这可以从內部或者从外部完成。在团体的各部分,因贊成全部决定所根据的一定原則而結合的时候,就从內部完成。在政治集团內,政党制度就是这种消灭繁多的方法的例証。但是,不要忘掉,用了这种方法,我們个性的某一部分常常丧失,因此,精神生活受拘束,卽使这是自願的。倘使团体是由熟悉所决定的問題的人組成的,那么繁复就能从外部减少。判断和評价的差异,因对于事实問題表示同意而减少,單純的多数表决方法可以不必常常使用,或者完全不用。这个理由擁护关于立法的分权主义的建議。

這使我們說明特別在立法上的——換句話說，同我們當作法律效力的基礎的正義意識有關的——多數表決原則。我們在統一的規則的基本價值內看到這種說明，這種價值比規則的內容的價值大。在法律界內，這種多數表決原則的意義的說明是和上述自由選擇的思想過程的觀念密切相關的。正和我們被義務或被環境的力量所強迫不得不使我們的散漫生活統一一樣，專務立法的團體的任務必須替它所服務的團體準備一種統一的規則。多數表決原則是完成這項任務所不可少的條件。因為判斷的繁複不能用上述方法之一加以排除，所以機械的多數表決原則的施用是法律上的一種需要，因為這個需要是由以下事實產生的：法律是在團體內確立秩序的一種方法。在這個機能裏面存在著法律的主要意義。我們的正義意識首先表現在我們認為屬於團體秩序——無論這個秩序的內容是怎樣——的價值內，而這個秩序，倘使沒有一種統一的規則，是不可能的。因此，產生統一的規則所不可少的多數表決原則，必須看做一種法律上的需要，即我們的正義意識的一種需要。

但是，我們切不可忘掉，倘使一種法律，為了有力的少數人，具有一種維持秩序的方法的價值，倘使它的內容不能滿足他們的正義意識，這種法律的基礎便不穩固。在這種情形下，任意的服從和法律制度的自發作用將大大受害。倘使這種情形發生，法律便喪失它的精神力的意義了。當多數表決原則擴張到最大限度幷且只有勉強的多數贊成法律的內容的時候，這個原則在一種幾乎純粹形式的意義下完成正義觀念。多數增加後，法律因內在價值的增加而得到力量。因為我們必須希望增加這種內在的價值，所以立法必須——像在正義的公共判斷內所表示的——制定一種完全同正義觀念相符的法律。

第十节　个人的正义意識

多數表决原則在立法上所占的相當地位以及在实际上所占的地位，經上述說明以後，反對這個原則的辯論將不使我們感覺不安。有人說過，倘使我們在个人的正义意識內寻找法律制度的基礎，那么有秩序的团体將建筑在一種無政府的要素上了。个人的正义意識是一種無政府的要素，正义意識是人类意識的一部分，除了个人的意識外，还有什么意識可以考虑呢？精神生活的一切財宝都集合在个人意識里，我們只在那里能够见到这種精神生活。在直接的經驗里面，我們只得到我們自身的意識生活，但是当我們考虑別人的意識生活所表現的现象的时候，我們也能够構成关于这種现象的观念。这種直接的和間接的經驗同下述意见完全相反，就是：正义意識是依照各个人的不同标准活動的。

还有一種同前者一样蔑視心理学的論点。我們怎能解释下述的反駁呢？就是說：这个学說从"絕對的个人主义"出發，而不想到"自然具有一種永久法則，它不但不依賴人的自由意志，而且还不管人是否接受和贊成，但是它支配人的意志"。有人說这个学說幷不承認"由客观的規則决定"。在这種批評里面，我們只能看到字句的濫用。只有像自然权利学派所假定的，国家为保存个人利益而發生，幷且它的唯一使命是保护这種利益时，才能談到"絕對的个人主义"。但是我們仍旧必須駁斥这種观念嗎？我們愈回溯文明的历史，人性在各方面就愈受限制，直到个人完全消失而团体生活占优势为止。至少从历史观点来看，团体以个人为基礎是不可能的。倘使由团体决定是人类的天然狀態，幷且一切人生长在一个既成的团体內，那么我們怎能不假定意識將充滿团体的观念呢？那么我們在甚么地方寻找一種完全充滿个人利益的意識呢？所以，因为一个政治学说从个人的意识出发而攻击它是主张"絕對的個人主義"的政治學說，眞是愚笨的。假使團體的觀念是一種不能脫離這個意識的東西，那麼絕對的個人主義旣不會是這種學說的本源，也不會是它的結果。关于我們所辯护的學說，批評更不适当，因为它从一般的意識特別选出正义观念；所以它必须承認團體而不承認個人是首要的。假使正義意識被看做是法律的，从而是权力的淵源，那麼必須把團體而不是個人看做出發點了。

但是，假使这种反駁只表示这个学說否認"由客觀的規則决定"，那么非难的人就完全錯了。因为我們心里产生的义务意識具有客觀的价值。換句話說，它完全不是出于任意的选择。凡从义务意識的作用产生的一切，都不具有表現一种純粹主觀的評价的特性的标記。法規的客觀性直接包含在以下事实里：在我們的內部有一个客觀地运行的标准。

但是在另一方面有人主張：我們應該探求在"內容"上有一个客觀价值的規則，而不僅探求有客觀价值的一種內部"标准"。当我們答辯我們的學說幷不考虑"人生最后命运"或者"一个民族的历史使命"的那个批評的时候，我們已經看到哪种規則被認爲具有这种在客觀上健全的內容了。我們根本不能想象这些定式对于說明实体法的来源有何帮助。倘使有人能够想像到，他应该加以說明。在我們看来——或者在其他許多人看来——这是神秘論。我們除掉能够利用自然权利学派的唯理論的定式外，不能够依照这种方法开始——这个唯理論的定式以"人性的至善"为一种終極的标准。倘使我們不信賴正義意識的宣告，我們便信賴天主敎學派仍然鄭重提出的旧自然法。因此，我們必須首先确立一些基本規則，然后用邏輯的方法从这些基本規則中得到人們必須履行的一切法律义务。也可能这是我們的反对者想到的方法。但是这种方法的确缺乏法律主權學說的要点：关于这样演繹所得的义务的拘束力的最后判断。一个规则能够这样从另一规则（甚而从一个基本规则）演繹出来这个事实，对于它的拘束力是没有决定性的，因为邏輯學只在它本身范圍內才能决定一切。演繹的正確可能在邏輯上是難以攻击的，但是在法律上，同在邏輯學上一樣，它并不具有按照演繹所得的規則去做的义务。

一种义务只在人类意識內有一种义务感觉的时候才能产生。在这里我們看到兩种可能性。这种义务感觉的內容可以由上帝啓示。凡相信这种啓示的人至少具备內容經客觀确立的若干規則。凡不相信啓示的人缺乏这种規則，因此以义务意識暫时課加的各种义务为限。但是，在这里我們又遇到一种力，我們自己感到对它服从，因此在我們的生活內有一种客觀的价值。这二者間的唯一差別存在于"內容"的客觀性和"标准"的客觀性之間。在那些相信啓示的人看来，在聖經或在敎会命令內找到的若干規則是先天确立的。凡不承認这些权威的人，必須回想到經驗給予正义的判断所用的标准的敎訓。但是他只能知道这个标准。倘使經这样發現的标准并不充足，那么义务的感觉直接和立刻决定何者应該履行或拋弃。尤其在必須施用非成文法的地方，实行决定的就是我們的正义感觉或者正义意識的直接的和直觉的作用。但是，在我們直接宣告正义的判断，或者根据經驗間接宣告判断的一切場合，这些判断以任意的选择不占地位的一种心理狀态为根据。所以我們能够坚持我們的論点不变，坚持我們在我們正义意識內找到的法律基础的客觀性。因此法律主权学說很明确地承認"客觀的价值标准"；但是它的意义只說这种客觀性不在一种不变的和永久的內容內，而是在規則得到法律性的来源內看到。

第十一节　正义意識的性質

但是正义意識的性質不可加以考虑嗎？毫无疑問，这个問題应該加以肯定地答复。我們可以看到，这种性質虽然不能加以充分的考虑，然而事实上是加以考虑的。但是我們必須首先研究正义意識的性質是什么。倘使它的意思是：每个人有一种特殊的心智反应，并且按照这个反应的不同进程評定他的正义意識性質的高低，那么这个見解在最初就应該加以断然排斥。克蘭恩堡（Kranenburg）曾再三想把他从經驗中証明的一个事实深印于法学者的心上，就是：个人的正义意識按照共同确定的法律起作用，虽然它的作用可被許多势力扰乱或約束。他說："法則（正义意識的法則）起作用时所处的实际情形，在發展的各阶段是大不相同的，因此实体法也必須有所改变"。① 所以，各个人的正义意識的不同并不是因为每个人有每个人的标准和規矩，而是因为大家共有的相同的正义意識的正常作用受多种多样的扰乱。倘使这种扰乱能够防止，那么正义意識的作用在各个人将达到同样的結果。

所以，所謂正义意識的較高的或較低的性質，我們只能說是扰乱它的作用的較大的或較小的可能性。我們必須首先从这个观点决定和批評不准某些人参加立法的这个問題。用选举資格来排除，只能以阻碍正义意識發生作用的"自然的"性質——像年幼或癲狂——为根据。排除万不可拿现行"法律制度"造成的缺陷——像貧穷——为根据。因为这将使有产阶级的利益所产生的正义意識的作用变成有效，而不使無产者的利益所产生的变成有效。但是，立法对于兩个阶级的利益应該予以同样的重视。

关于由立法規定的"各种利益"了解得多或少而發生的正义意識的殊异更为重要。这是正义意識的性質实际上——或者至少应該——相异的范圍。就預备表示一种正义的判断的人說，准許他参与立法权所不可少的一切是：他的心智在暫时規定的限制內应該認为是常态的。但是，就他执行判断的那个对象說，必須确定一

---

① "Positiefrecht en rechtsbewustzijn," 1912.

第十一节 正义意识的性質

种較高的資格。因為关于每个常人的正义意識应該參与立法的这一建議，幷不是說每个人都应該对团体的"一切"利益的法律价值加以判断。"了解"包含的利益也是必要的。对于意識上幷不存在的或者不过占据意識的極小部分的那些利益的法律价值，不能要求正义意識加以判断。可以用来攻击現行立法組織的非難，存在于以下事实里：要求人們对于他們的知能范围以外的利益实行立法。当立法集中在少数机关的时候，立法者不得不对于他不了解或者只了解一点的許多利益的法律条件加以判断。每个人的正义意識对于立法的应有的參加是应由实行立法的那些利益决定的。換句話說，立法者对于一种利益的知識程度，必須决定他的正义意識对于这种利益是否有效，以及有效至何种程度。凡心智正常的人不应該被認为沒有实行他关于正义的确信的可能性，不过这种可能性应該限于參与适合他担任的那种立法。在任何情形下，他除了影响下述立法外，不能够有所作为，这种立法决定存在于他經驗和知識范围以內的各种利益的法律价值。但是，假使立法組織不比現在更發达，这个結果是不能够得到的。比我們現在更完全的分权主义是近代国家观念的一个顯明的含意，因为这个学說从正义意識的作用得到一切权力。我們將在后文更詳細地討論这点。限制它的活动范围是使正义意識能够充分發揮实力所絕对不可少的。它的自然界限由立法者能够把持和理解的各种利益确定。因此，倘使我們能够替社会內每个团体决定各种利益——团体的力量包含在对于它們的了解中——幷且倘使我們当时能够把这些团体組成立法团体，那么民众的正义意識將第一次完成一种定性的組織。

代議制度所要确立的以及在制定法律时可以看到作用的定性正义意識，是一种完全不同的正义意識。这个問題我們將另用一节專門討論。

第十二节　法律的制定

在大多数文明国家内，法律的制定起始于可以行使选举权的那一部分人民的正义意識的作用。这个作用存在于哪里呢？

由选举权的行使所生的立法有兩种：选举者可以判断法规的"內容"，或者他們只可以判断决定规则的法律价值的"標准"。容許选举权的主要目的是后者，就是确立一种標准。这件事的实施方法是选出若干人，由他們的正义意識審議规则，其他的人除外。选举权的行使是在公民間举行一种"选擇"，选举者的正义意識对于超出这种选择范围的立法是沒有效力的。实行这种选择的能力是容許选举权的一个决定性理由。这是立法組織的起始，因此凡是正义意識适于实行这种选择过程的人都能包含在这个組織內。凡具有这种正义意識的人，都"應該"准許参加这种过程，因为倫理的力量和法律的效力要求这样做。

但是世界上没有一个人能够节制正义意識的作用。它或者像在决定选举权时那样組織起来。但是选举者的正义意識可以表达到何种程度，不是立法者所能决定的。因此，选举者在选举国会议員的时候，对于国家行政的主要問題發表意見并且选举候补者，因为他們贊同这些政策。大多数宪法内关于敕令和訓令所規定的禁止是徒然無效的。选举者因此能够利用选举权来表示他們关于法规"內容"的意见。在这种情形下，他們的代表对于包含这种原則的議案便没有自由了。代表的权力存在于在制定规则时他的正义意識所具有的价值內，而这种价值是从多数选举者的法律信仰得来的。这种法律信仰，在業經表現的时候，應該加以考虑。因为，我們不要忘掉，按照近代国家观念，选举者的正义意識供給他們的选举权的基础，而这种正义意識是法律的拘束力的基础。所以，当

第十二节　法律的制定

他們所選的人是因為對於法律的特殊部分所抱的政見而被選的時候，这种正义意識应該繼續在这个人的內部活动。

我們不应該从这个見解推論：一个人在被选后应該同他的选举者繼續协議。的确，一个议员对一个议案所投的票的重要性，有賴于（因为他被选）他的正义意識能够要求的立法的价值。但是，除掉选举者在行使选举权时表示的少数立法上的重要問題外，选举者和由代議士投票通过的法律的权力間沒有直接关系。有几百次代議士对于选举者想不到和不能想到的規則实行投票。在这种情形下，选举权的行使对于規則幷不是客观地有所决定；只是主观地有所决定。換句話說，它指示那一种正义意識决定規則的法律价值。倘使这是实在的情形，那么代議士，除掉他本人的正义意識外，不能够把任何正义意識，甚至不能够把他的选举者的正义意識，看做一种标准。"国民代表"这个名称引起誤解。代議士只能关于选举时成为爭論的少数重要問題代表他的选举者的正义意識。至于其他問題，他完全不曉得他的选举者的正义意識。他不过是很狹小的立法范圍內的一个国民代表罢了。除此以外，他幷不代表什么，因而必須完全依賴他本人的正义意識。因为那具有使規則获得法律性質所不可少的价值的东西，是他本人的正义意識，而不是选举者的多少臆測的法律信仰。受选举者的引繩束縛的代議士是誤解选任他的投票的意义的，因为选任他的那个选举团承認他的正义意識，而不承認其他正义意識是更高的立法标准。所以，大概說起来，在行使选举权的时候，規范力只归屬于特定人的正义意識，幷且除掉举行复决的那些情形外，从"这些人"的正义意識所生的估价，对于法律的制定有最后的意义。因此，对于代議士不依賴选举者的独立性，切不可加以侵害，因为法律应被看做一种經正义意識承認后才得到法律性質的規則。因为，倘使这种独立性全部或部分被破坏以后，决定將不操諸法律信仰具有規范力的那些人的正义意識了。因此，选举的意义丧失了，因为选举的目的在选擇一种正义意識。

第十三节　立法是一种有組織的正义意識的作用

这样看来，倘使一个人探求大多数文明国的法律的拘束力，他可以在立法团体成员所具有、并以选举者的正义意識为基础的正义意識的規范力里面看到。从这种选举得到的正义意識是以完全有异于世襲君主国内举行的选举基础为根据的。世襲君主国想利用祖先对于公益曾有多少貢献的那些特殊家庭的后代，获得一种非常發达的正义意識。在这种情形下，选择以生物学的要素——即以种族的特性的遺傳为根据，所以是一种天然陶汰的过程。照我們现在对立法所抱的見解，依这种方法获得的标准不能够認为是法律和人民的正义意識間的关系的一种滿意保证。为了保证法律具有最大可能的內在力和效力起見，这种关系必須存在。

倘使我們的生活的秩序要成为一种"法的"秩序，那么一种規则必須以社会成员的正义意識为基础。事实上，它常常多少以这种正义意識为基础。代議士会的采用和选举权的承認，并不产生新的統治权。法律的权力所常常根据的那个原则不过加以"組織"罢了。正义意識永远存在，永远表现它的活动，永远是各种政体下合法权力的基本原则。但是立宪制度第一次替正义意識开鑿一条循环的河床，正义意識在它里面能够有規则地和不断地流通，因此替社会生活筑成一条安全的大道。

在立宪制度实施以前，历史是下述許多时代的一个連鎖，每个时代有一种权力的組織，換句話說，有一个武士和官吏的阶级，这个权力的組織是从社会产生的，它执行統治权，并且使人民相信：

第十三节　立法是一种有組織的正义意識的作用　　　　61

这个权力的組織是"由上帝的恩惠"或由"社会契約"确定为至高無上的。在心灵不得不受这个傳說的信条束縛的时候，社会成员的正义意識只有間斷地表示反抗。它在文学和言語内，有时甚至在行为内，表現出来。但是，因为它缺乏組織和配合，所以永远不能脫离阶级的統治。后来这种組織和配合，在下述那些人的指导下，突然地和自發地出現了，这些人在时机成熟的时候，自动起来把民众的片斷意識生活同一种不可抗拒的权力接合起来。心灵被旧权力的光輝所扰乱，但是后来潮水退了。旧制度的不坚实的構造破坏了。于是在我們眼前展开了一个使法的統治能够發达的新时代。但是立宪制度是同旧制度相连接的。不但軍队和官吏的整个机关保存着——这是难以避免的——幷且这个机关仍旧被看做一种統治权，換句話說，国家的权力，按照孟德斯鳩的学說，这种权力在立法、行政和司法三部内表現出来。代議士会的产生被認为容許在这三部中的一部——立法权——内享有一份权力。所以，代議士会幷得不到一个法律机关的統治地位，但是宁可說因为它同国家相关連而得到权力，至于政府的組織本身仍旧是实在的国家。一种本来有异于这个政府的組織的要素，卽代議士会，包含在这个組織内；結果，代議士会的重要存在于它在国家内所处的地位，而幷不存在于它本身的性質——宣揚人民的法律信仰的机关。

但是，这个性質逐渐表現出来，因此深信——因为它的起源和目的——真正的权力只可以在代議士会看到。沒有人再相信它存在于傳統的政府机关内，这种机关，因为具有实际的优势，已有好多世紀行使統治权，幷且在理論上和在实际上已經承認为、尊敬为幷确立为"国家"。

但是，倘使承認国家的权力主要"应該"是一种倫理的权力，而不是一种以組織所获得的最高权为根据的統治权，倘使有人以为这种倫理的权力只存在于人的正义意識内，那么原来的国家观念——一种只有精神力的权力——重现,并且法律的主权复活了。在另一方面,从前属于国家的种种权力取得了法律产物的性质了。它們除掉具有从法律获得的威权外,不能够具有任何其他威权。

这个見解純粹是从立宪制度的發达得到的,但是我們还没有超出这个見解。我們必須在后面討論这个国家观念的实际实现,但是即使在这里也应該重視今后胜过其他問题的实际問题。这是寻找表现人的意識生活的适当机关的問题,假定这种意識生活在一种正义意識內表现出来。就量和質說,这种組織在一切国家內还有很多采用的余地,因为重要的政治家还不充分感觉到解决立法問题的重要。目前非常分散的民众的正义意識,必須集合起来,并在比从前更多的立法机关內表现出来。这是一切政府应該加以十分注意的問题。但是,除立法机关的数目增加外,現有的各种机关——我們的立法部、省議会和地方議会——应否这样設立起来,使全体人民的正义意識能够影响它們的組織,是一个同样重要的問題。还有,因为正义意識的性質不同,是否不向它提出超过它能力以外的要求,也是一个問題。現在許多公民,以选举者或代議团体成員的資格,認为在立法上須实行包含种种評价的立法,这种評价超过他对于有关的利益所具有的智識,因此超过他的正义意識。在另一方面,也有这种情形:一种很發达的正义意識在立法方面沒有發揮全部力量的机会。

所以,政治学說主要应該討論在法律关系內表现的人民生活的組織問題。这也是法学的一般中心問題。当这兩种科学联合起来解决这个問題的时候,可以豫想到,現在还在襁褓中的近代国家观念,將充分發达,并且法律的威权將在社会生活內得到充分的發揮。

第十四节　非成文法

一、内容　"非成文法"这个名称表示从一个民族的正义意识的作用得到的一种规则——在沒有一定的机关表示它的时候。下述观念本来非常流行：法律必須多少是实际的和固定的，因为有人主張，倘使法律不包含在成文法里面，它必須至少表现为一种習慣；但是，这个見解忽略了事实上实施的法律的一部分。因为有法院的判决和行政裁判，这些是不根据習慣而以法律为基础的。所以，研究的结果發現还沒有成为習慣法的一个特别广泛的范圍——非成文法。因此法律的基础变得更远了。沒有人对立法者的意思繼續表示滿意，幷且拿一种以習慣为根据的法律去补充也是不充分的。一切非成文法——習慣法和不以習慣为根据的法律——必須記在心上。在便宜、公平、合理、道德和社会行为这种种名称之下——但是不依賴成文法或習慣——正义意識直接决定裁判官或行政部在解决一种利害关系冲突时所下的判决。在这种情形下，起訴者或裁判官遇到一种比在法律更明确的情形下更微妙的問題。为了寻找法律，他們必須明了有关的利益所屬的社会团体的法律概念，必須使他們的判断或行为适合支配这个团体的那些意見。高思特斯(Kosters)特别主張这是裁判官的义务，尤其是在探求習慣法的时候。①"倘使人民的正义感覺幷不积極地由習慣表现出来，那么裁判官必須用任意的方法——用專家的言論、文献、人民的傳習等——替自己解决这个問題。社会福利——裁判官为謀求社会利益而执行他的职务——包含在其他事物內，所以裁判官不能不考虑这个社会的輿論。他必須遵照支配这个社会的

---

① "De plaats van gewoonte en volksovertuiging in het privaatrecht," 1912, p. 101.

見解,尤其要遵照有關當事人所屬的團體的見解來執行判決,倘使這種見解是同秩序和道德一致的。"一個瑞士法學家關於這個見地發表的一般言論,可以在依格爾斯(Eggers)校長就任演說內看到①。他在講到瑞士民法典的時候說:它含有承認廣泛判決範圍的許多條款,但是這種範圍並不是說裁判官可以有私見,而主要是說參照"社會成員的見解及其優良的社會意識"。所以,倘使要實施的規則的內容是從社會生活產生的,那麼非成文法卽使不在習慣內表現出來,也有一種客觀的性質。

二、必要 一個民族的正義意識無論組織得怎樣好,組織永遠不能夠滿足法律的要求。這是由於幾個理由造成的。第一,現在的和將來的一切生活關係不能夠完全組織起來,一部分由於立法者的理想不能擴張得這麼遠,並且還由於,除參照具體情形外,往往找不出何者是眞正合理的。第二,立法機關的立法不能同社會利益的變化的價值並駕齊驅。倘使一種成文法承認這些利益現在的相互關係的重要,那麼它可以在特定時間內代表這些利益的法律價值。但是,這些關係發生變化後,一種並不常常在新的立法內出現的不同法律價值發生了。於是,一種非成文法,不依賴立法機關的執行職務,自由產生了,這種非成文法的拘束力有和成文法相同的基礎。

否認這種非成文法的異議,是從成文法所有的特殊意義發生的。但是這種特殊的意義只在法律的拘束力求之於制定規則的主權者的意思的時候才存在。按照這個見解,非成文法和成文法的效力各有特殊的基礎,主權者所產生的成文法占先。這個見解,在成文法能夠取消任何非成文法——甚至習慣法——的時候,達到極點。這是荷蘭的立法部在規定管理立法總則的法律的第三條和

---

① "Schweizerische Rechtssprechung und Rechtswissenschaft", 1913.

第十四节 非成文法

第五条内企图实行的④。这两条规定："习惯法只在被成文法援引的时候才有效力"，又称"一种成文法只能够被后一种成文法取消它的效力"。但是这种辩论，在我们舍弃具有原始权力的主权者之后，必须立刻抛弃。当这种见解被舍弃之后，成文法与非成文法不同之点只在它起源的形式上而不在它拘束力的基础上。世界上没有一种权力能够节制正义意识的活动，并且在它活动的时候，自发地产生一种有拘束力的规则。正义意识的活动被代议制度变成有规律，但是这种制度不能够独占它。这不是否认，在人们的评价中，有时成文法比非成文法居优越地位。这是由于前者从一种由选择所得的定性的正义意识产生的；而不是因为成文法是主权者的法律。并且，倘使我们要记牢，虽然成文法是选择的产物，而最后仍旧以民众的正义意识为根据，那么我们必须承认：从同一来源得到拘束力的非成文法，在被认为现行法的时候，具有同等的价值。

三、补充　发见非成文法的范围是成文法没有占领的范围。非成文法主要是有一个"补充的"机能。它补充成文法的缺口，当一个人一度注意非成文法的发现的时候，他对于它的程度感觉惊奇。让我们把下述情形看做例证。某种公共事业机关往往由实体法赋予权力，但是并不规定行使这种权力的任何规则。修正权和审查权无限制地赋与立法部。因此可以说，这些权力可以为了任何目的而执行吗？没有不许使用它们的限制存在吗？不，这种限制的存在是毫无疑问的。不受成文法限制绝不等于不受法律限制。所以我们看到：教科书煞费苦心地寻找更精确地规定执行这些权力的规则。但是它们所寻找的是非成文法，这种非成文法是宪法的补充，包括公法的重要部分。

还有，当政府支出没有预算——倘使预算还未经国会通过

---

④　"Algemeene bepalingen der wetgeving van het Koningrijk."

——的费用或收集沒有預算的国课时实行非成文法。当警察未經法律或命令明文授与权力。在交通混乱的情形下自由采取措施，維持秩序以免發生意外，或者在群众拥挤的情形下維持交通的时候，也引用非成文法。还有，当一个大臣遇到某种特殊危机，不顾法律的规定，禁止或限制黄金出口以維持本国在国外市場上的購买力的时候也引用非成文法。这些官吏都按照非成文法处理事务。他們的行为同社会的正义意識相合。使这些行为合法的正是这种正义意識，并且只有这种正义意識；这些行为，只有在符合社会正义意識的时候才算合法。

最后所举的例子特别使我們涉及自古以来有名的非成文法的一部分，即所謂紧急法。当法律由主权者制定从而只有在成文法內寻找它这个見解流行的时候，紧急法的意思就是廢止成文法，因此是一种因必要而規定的法律的限制。这样看来，立法部必须致力限制这种紧急法，以便在紧急的时候保存法律的統治。但是在舍弃主权观念以及在承認法律的拘束力所根据的眞正的基础之后，紧急法的意义就大不同了。它只能在不經法律規定并且不能預想的种种情形下，被認为是一种非成文法。所以紧急法是另外一种法，它能够要求和成文法相同的效力，而有异于成文法的地方只是非成文的，只是必须应付法律沒有注意到的其他狀况。

行政法的范围常常需要由非成文的法規加以补充，尤其在行政机关經法律賦与一种所謂任意权的时候。例如：規定这种机关有批准权而并不設置任何規则去管理这种批准的許可或拒絕。很明显，这种权力不能够任意行使。但是，假使承認这种任意权以后，就必须找出能够試驗种种决定是否合法的那些法規。每种权力的賜子以它的合理的行使为条件，我們必须采用非成文法，以便能够拿合理的标准施用于任何决定。

为执行权力而設置不明确的規则时，必须依靠成文法来具体

第十四节　非成文法

地确定这些不明确的命令的实际意义。当因公共秩序、公共安宁、公共道德充分需要时，或为了一般利益而必须行使权力的时候可以看到这类例証。因此非成文法能够判断各种决定是否合法。

非成文法甚而在刑法范围內也發生，虽然有人說在这里只有成文法有效。荷蘭的丧葬法規定尸体必須埋葬，但是沒有規定誰負埋葬責任。所以有人推斷：在这种地方，刑罰是不能够实施的，因为不能够指定誰是犯罪者。倘使成文法以外沒有其他法律存在，这种推斷是难以辯駁的。但是，凡能够承認立法以外的正义意識作用的人，虽法律沒有規定，沒有理由茫然無知。因为他知道，一切耶敎国的正义意識对于埋葬死人的責任表示得明明白白。誰都不会否認，这个責任在子女死亡时由父母負担，在双亲死亡时由子女負担，在夫妇和兄弟姊妹之間互相負担。假使我們內在的正义意識在多数場合承認这种办法，那么这种非成文法沒有一种至少和成文法同样無条件的效力么？

最后，假使一个人观察私法的范圍，他将看到成文法未曾談到的許多制度和关系，但是虽然法律沒有規定，而事实上它們在社会生活內也是有效的法律制度和关系。不但这样，假使一个人研究最近的法律和私法典，他将更惊奇地看到，在多少方面成文法本身减縮了，把社会成員間的关系的管理权授与非成文法，换句話說，授与那些按照流行的正义的信仰应該有拘束力的規則。

假使上訴法院（在荷蘭）不固执成文法，裁判官早已公然承認这种非成文法了。因为这个緣故，整个司法部不得不承認成文法是法的唯一来源。在这种情形下，非成文法不得不假法律解释的支路来發展，常常使我們觉得惊奇的是：裁判官聪明而勇敢地把非成文法的法規混入成文法內，幷且把它說成是一种制定的法規。这一类的最显著的例証是我国（荷蘭）民法第六二五条的解释，这条法律有防止用命令給財产以"不合法"的干涉的效力。虽然这条法律对所加于财产的合法的或不合法的干涉没有任何规定，但是遇到同容許地方議会限制或廢止财产权的流行的正义意識相反的时候，上訴法院就很正当地取得裁判权。但是，因为它觉得它需要法定的权力去做这件事，所以它利用这条对于这种裁判权完全沒有规定而由上訴法院使它發生效力的法律。

四、廢止和修改　非成文法能够廢止和修改成文法，并且还能补充。像本書所主張，假使一切法律——包括成文法——从同一个淵源，卽正义意識，得到权力，那么这个可能性就很难否認了。所以，就法律的拘束力说，这个正义意識的作用有無組織是無关重要的。还有，我們在前面已經说过，我們切不可忘掉，在有組織的正义意識的活动里面，这种规范的意識的存在和內容都是很明显的，但是在非成文法并不常常这样。所以証明成文法喪失拘束力的責任是由那些求助于一种相反的非成文法的人去負的。在立法权經过适当組織来充分表示人民的正义意識的时候，要比缺乏这个組織，或者这个組織有缺陷，或者在某些方面这个組織不能正常地表白的时候，更难証明这一点。

在上述第一种情形——正义意識的一般組織內有大缺陷——之下，非成文法的力量將特別由廢止立法机关表現出来。用革命手段可以确立非成文法和新的法律机关。1813年荷蘭三头政治的發生和威廉六世卽位时的政体变革，只有照这种方法才能够証明合法。这些变化引起成文法的廢止这句话不能成为把它們看做違法的理由，因为成文法的拘束力，早因人民的法的信仰变化而喪失了，而这种成文法必須經有組織的权力来援助才能維持。

在上述第二种情形下，我們看到革命时的各种剧烈变化和平地完成了。因为我們的宪法的大部分是在必須經过费事的和非常的手續才能修正的成文宪法里面制定的，所以在許多方面普通立法是不可能的。因此成文法不能够同有关若干宪法上的事项的那

第十四节 非成文法

些变化的法律信仰并驾齐驱。这种信仰因此在和成文宪法相反的非成文法內表现出来。这一类的最好例証是：不顾宪法的存在而在本国采用的并且象一种法律制度那样行使职权的议会政体。在这种情形下，国王否决立法的权力和选举大臣的权力被非成文法废止了，虽然这种权力是由宪法明文授与他的。同样重要的一个例証可以从国家对于敎育的关系內看到，这个关系从1889年以来和宪法所规定的大不相同了。不但这样，解散议院权的执行权以及选民在定期选举后决定政府政策的权力，是以完全在宪法以外的非成文的习惯法为依据的。还有许多其他例証可以用来证明由于宪法替它本身的修正规定一种异常的立法程序，在成文宪法之外，有一种活的宪法存在，并且同成文宪法相抵触。

但是，还有一种方式，可使成文法因为非成文法發生作用而失效：成文法不再为人所遵守和实施，或者只有一部分被人遵守和实施。例如：事实上从来沒有废止而不再被人所遵守的法国的许多成文法，便是这样。在1849年成立了鑒定这些成文法的法律效力的委員会，该会一再指出，这个或那个成文法已經因情况变化而失效了。但是，这并不常常是眞正的理由这句话，显然从下述事实發生：适应目前需要的几种成文法，像渡船取缔法之类，不顾变化了的情况——可以引証为承认它們不再有效的理由——仍旧認为有拘束力。法国的成文法有些仍旧有拘束力，有些则沒有，这是由于目前的正义意識承认这些而拒絕那些。还有，自从我国恢复独立以来，我們在关于遵奉休息日的成文法中看到这样一个明显的例証：一种法律，由于关于正义的见解改变了，只有一部分被人遵守和实施。

五、成文法和法　假使前面所说的事实証明一种非成文法已經确立，而且它的拘束力可以認为从成文法的同一来源产生，那么前面从规定立法的一般规则的成文法引述的那些条款,① 就无价值了,从而是没有任何实际意义的。事实上,没有人能够支配人的正义意識的活动。立法者或任何其他具有权力的人,同私人一样,没有力量压抑任何人的正义意識。除成文法援引外,習慣不創造任何种法,一种成文法"只"被后一种成文法取消它的效力,裁判官应該根据成文法执行判决,这种种見解,只在假定一切法必須經立法者承認才有效力的时候,才能被人了解和說明。但是,当这种假定一經拋弃,法的真正权力一經研究明白,就立刻显出这种規則的无用了。何者应有法的效力,非人力所能决定。因为,除掉从能够把法的性質賦予一个規則的那个唯一来源——就是終极的正义意識——产生的东西外,没有其他东西真正是"法"。凡不从这个来源产生的东西可以用国家的权力强制施行,或者可以在裁判官的判决内引用——它可以成为欧列奇(Ehrlich)所說的"判决規則"——但是它不是法,而且永远不能成为法。近代国家观念的目的,在于使社会消灭供法的执行以外的任何其他目的用的一切权能、一切强制和一切权力的行使。所以,它的重要內容存在于它想使法保有的那种絕对的权力之內。因为这个緣故,它强硬地反对專制君主国內最明显的旧国家观念,这个旧观念从权力机关(裁判官、警察、軍队)出發,并且証明这些权力所支配的范圍是和法的范圍相同的。虽然这个学說現在还常常有人加以辯护,但是它的时代業已过去,是沒有疑問了。我們愈把法看做一种倫理力,下述見解就愈發达:法的基础在人性內,并不依賴任何政治組織的容許而存在。这一点一經明确了解之后,便不能限制人看到社会所賴以生存的非成文法的广大范圍;并且也不能从其他一切法的效力来源以外的任何来源追求这种非成文法的拘束力。从規定一般立法規

---

① 第三条習慣法只有在被成文法引証时才有效力;第五条,成文法只被后一种成文法取消效力;第十一条,裁判官应根据成文法执行判决。

第十四节 非成文法

则的成文法引证的各条款，表明陈旧的国家观念，这个观念证明国家是和实施强迫的组织相同的。凡能运用这个组织的人都具有这个权力，因此能够决定哪一种法规应该有效，不过限于用权力实施若干规则和拒绝实施其他规则。上面已经说过，这个国家学说在某一时期具有理论的和实践的意义，这是毫无疑问的；甚至目前，在多数法学家看来，还有重大意义。因此，这些法学家把法解释为能够用力量维持的东西，或者解释为裁判官在执行判决时所用的东西。但是这个观念在理论上难以成立，而且在实践上失去了信用。

这个观念"在理论上"所以难以成立，是因为一个权力机关始终不过是一个机关，一种没有精神、不能够依照自己内在意志活动的东西罢了。要完成任何职务，它必须从外面使它活动，它的作用有赖于能够运用它的人。这个人就是主权者，他使用完全无缺的权力施舍恩惠，并且被认为具有决定法权的绝对权能。好多世纪以来世人都这样设想，并且现在还常常这样设想。但是，假使有人究诘这个主权者的权限并且不满意从神权学说和国民主权学说产生的假设，那么他可以看到：在法律看来，主权者没有何种权限，并且那称为国家的整个机关只由传说支持罢了。这是一个未经法律证明的单纯事实。这又引起有关国家的权力基础的问题。关于这个问题的看法得出这个结论：国家的统治必须完全以法律的权力为根据，因此我们被引向探求这个法律权力的来源。但是法律权力的来源是在人类精神性质内——在人性内固有的正义感或正义意识内——找到的。在这种情况下，法律的权力显然成为某种自治的和不依赖任何政府机关的作用的东西了。但是，同时这个机关的真正目的显露了，就是：确保法的统治。在一个主权者任意限制它的使用的时候，这个目的是完全没有的。

甚至司法机关也开始了解：政府的组织天然受制于法而并不

單獨受制于成文法。所以，在本書內反對的學說"事實上"也已經失去了信用。象一種突然的啓示一樣，世人看到法學使成文法受法节制已达到何种程度。裁判官曉得怎樣把他不再是成文法的奴隶这个事实隐藏起来；他自己常常不明白这个变化。因为在表面上每樣東西仍旧和从前一样。在一切判斷內繼續引用同樣的法律条文，但是在表面之下已經發生一个急激的变化了。流行的正义意識認为是法的那种规则，被一种人为的解釋順序列入成文法的条文內。因为各方面給他們一种啓蒙，所以裁判官現在确切明了他們在做什么，并且自己感觉到負担了一个新的职务。事实上，除使他們公開承認他們对法的关系外，沒有其他了。一俟他們充分明了，他們所以服从成文法只因为成文法是法的一部分的时候，他們將立卽表示承認了。因此，假使一种成文法規定判决必须以各种成文法为根据，这个条件是不能够实踐的，因为它不为任何正义意識所赞助。任何正义意識不得自行表白，或者它的作用应受任何束縛，这种辯論，事实上將顚复法的統治的全部基础，并且將使我們回想到能够不顧社会成员的正义意識而制法的那个主权者的觀念。因此，倘使裁判官依照成文法执行判决，因为这些成文法是法的一部分，那么他的义务对于其他一切法是完全一样的。同上述裁判官对成文法关系学說相关的是：我們应该仍旧记牢，在应用非成文法的时候，裁判官幷不处于立法者的地位。他的职务同以往一样。他在一种已經有效的规则的基础上保持一种法的关系。他幷不創制新法。現在和过去不同之点，幷不存在于司法职掌內，而是存在于裁判官得以用作判决基础的那种法的性质本身。依照近代国家觀念，裁判官必须对一切法加以考虑，無論它的起源怎样，因此包括非成文法在內。按照只有主权者的法是有效的那个学說，他只能在成文法許可的范围內对非成文法加以考虑。关于裁判官对成文法应有何种自由所引起的爭論，可以归結成这个簡單公式。

第十五节　加强法的权力

　　一个完全原始的社会有一种好似自动起作用的法律制度。个人的精神生活还極少分化，他一生的全部事業几乎同别人的全部事業一起都受社會意志的支配。反对这种社會意志的个人力量只是很微弱地表現出来。因此沒有为了加强团体的权力而克制这些反抗力的特别必要。倘使个人的行为表示他不能服从社會的意志，那么他就被逐出社會。

　　这种情形随个人脫离集体精神生活和發展本人的精神生活而变化。因为个人的行为同社會的規則相背馳，因此勢将顛复这些規則的权力，所以必須抑制反社會的冲劲，从而必須加强社會制度的权力。

　　一、关于刑罰和强制执行的行政　　刑罰和强制执行自古以来是达到这个目的的方法。这幷不是說，这些是劝人守法的唯一方法；有其他許多鼓励守法的动机，例如私人的利益、社會的慣例等等。但是，因为正义意識不足以使每个人都遵守社會的規則，所以刑罰和强制执行常常是法律制度本身为加强权力幷使个人明了社會生活所具有的必要方法。

　　所以，法律制度的一部分包含一种实施刑罰和强制执行的組織。这个部分准备各种最古的公务之一，这种公务同以实现社會独立为目的的軍备差不多同样古。議会的立法代表着一种只从立宪制度实施起才予以适当法律规定，因此存在不满一世纪的公务。但是，差不多从国家产生的那时起，加强无論怎样制成的法律的权力的必要，显然成为一种紧急的公务。为了满足这种需要、为了准备这种公务，設立由刑罰和强制执行——連同有关的司法手續——运用的一种組織。法律权力的加强需要有一种权力組織，正像社会的利益在保护它本身独立时需要一种权力机关一样。这种权力組織的發展被認爲是国家观念的本質，并且主要因爲这个原因而把国家看做一种权力的表现。結果，賦有一种固有法律权力的主权者的概念構成了整个国家学說的基础。所以现在还流行这种见解：眞正的統治权是在所加于这个有組織的权力的节制內。因此不但排除了法的权力，并且还使它的拘束力有頼于这种权力組織付諸实施。

反之，我們应該首先注意：刑罰和强制执行所賴以实施的那种强制方法也以法律爲基础，因爲强制的执行和附随的一切，像司法手續一样，都是从法的义务产生的。在这种地方，我們也論及一种法律制度，但是这种法律制度只是起一种补助作用；换句話說，它只在拘束市民的那种社会制度被破坏的时候才起作用。这种社会制度的势力因此受别种制度的援助。但是誰保护被保护者呢？应該創制一种屬于更补助性質的第三种法的組織——它的作用有頼于先前的制度的破坏——嗎？因此，許多法律制度可以堆积起来，并不保証其中任何一种将永远爲人所服从。所以，爲了遵守实施强制的那种法律制度，我們必須依靠某种特别的法律制裁。这种使担任司法、警察和軍队任务的人履行他們的法定义务的特别法律制裁是什么呢——假使这些任务的法的性質本身不是一个相当的目的？这种制裁已在多年前在下面的事实內看到了：他們的私人利益包含在他們的任务的执行內。使这类公务成爲一种职業和謀生之道便可完成这点。换句話說，把做官确定爲一种社会的和經济的职業。

宣誓是保証官吏履行法定义务的另一种方法，这种方法从前比现在用得多。但是这个方法只对于呼喚神名举行实际宣誓的人才有意义。这种人一般都相信：背弃宣誓将遭受神的可怕刑罰，并且这个信仰可以保証他履行他的义务。但是，这种增加法律权力的方法的可疑点存在于它的下述習慣內：甚至当法律丧失法的性質以后，它仍旧保持这种法律。例如：为了宗敎的緣故，服从不成为法规或者实际上同法相抵触的那些规则。这种情形在下述宪法內看得最清楚：由于修正的规则有困难，在它的条件和人民的正义意識所允准的条件間，常常有一个悬殊的差异。經驗証明，正义意識终于战胜了宣誓。我国宪法內关于敎育的条款就是这样一个例証。

当官吏的法定义务由一种單純的誓約維持时，它就更加明显地能够自觉；这並不使义务更形巩固。但是，在常常强求一种誓約的时候，这就說明守法的义务有頼于損害法律的独立的客观效力的那种个人的意志。

实施法律的最重要方法以及一般有效的方法，存在于这一事实中：官吏的利益跟他們的任务的履行要一致。这些利益主要表现在他們的經济地位和社会地位上。但是，照这样給与官吏履行义务的那种特殊制裁使行使强制的那些人的組織成为一种强大的社会势力。这种势力，一旦使用于法定目的以外的其他目的，将同法的絕对至尊相違背。当因为不准为了执法以外的其他目的使用政府机关以致官吏陷于丧失地位的危险从而威胁他們私人利益的时候，这种可能性就發生了。防止这种可能性的唯一方法是：规定他們的法律地位，使他們不依頼某人保留他們的官职。假使不实行这种方法，便有一种威胁法律权力的势力中心存在。这种以个人的聖秩制度为根据的势力的存在擁护主权者的观念，这个主权者就是同存在于法律制度內的国家权力並存和对立的一种法外的国家权力。軍事組織尤其鼓吹这种观念，因为軍队是最大的和最有力量的力的工具。从前这种傾向比现在更强。因为从前軍队是由佣兵組織而成的，兵役是一种收入的来源，或者是一种职業。君主使用同这种职业有关的經济利益去节制从事这种职业的人。但是现在，佣兵由民兵代替了，而且兵役的义务变成了一种过分的负担。用严格的軍事訓練来巩固这种服役，但是——好似一种純粹的强迫工具——军队的重要已經逐漸衰减，因为私人利益已不再同这种义务的履行相关了。因此，倘使现在用军队来維持一种已經在民众中丧失拘束力的制度，那么將立刻暴露出它对于这种目的不相宜，虽然军队里的个人服从将达到毁灭个人發議权的地步。

虽然现在不像从前把军队看做一种法外的"国家权力"，但是这种权力观念仍舊存在，尤其在有一种专心行使强迫的职业的地方。这可以从下述种种观念和行为的継續发生看得明明白白，这种观念和行为的目的在于允許职业化的强迫机关按照它本身所有的一种法外的特殊制度处理事务。为了强調和巩固主权——普通称为君主的个人权力——的独立性，专制主义的政治学說首先把君主权力置于普通法律之外，然后承認他能够替委托他管理的利益制定他本人的法律。最近的政治学說已把这一切从君主移授与"国家"了。所以它主張："这种"国家——意思就是有組織的权力机关——不受普通法律的节制，并且这种完全不受法律制裁的国家对它的公民具有一种絕对的优越。这种优越事实上并不阻止国家同它的公民發生法律上的关系，但是它表示这些关系同普通法律所节制的那些关系大不相同，因为这些关系的主体是不平等的。因此，在公法和私法間确立了一种原则上的区别，普通法律限于后者。倘使承認这个对立，那么那些奉命执行强迫的人将受公法的节制。这将产生下列結論：

（一）这些人以官吏資格共同享受主权者的优越地位，就是說主权者立于普通法之外，因此不受关于責任的普通規則的节制。这个观念对于把国家看做具有固有权的一种权力的表现的那个观念給以一种永久的擁护。这种国家观念最后得出如下結論：因为

第十五节 加强法的权力

国家有司法的任务，所以它也决定何者有法律效力。

（二）这些官吏以私人资格对主权者的关系处于在法律上不平等的地位，因此这种关系不能说是主仆之间的通常关系。但是，否认了这种关系又将使官吏在经济上完全处于依赖国家的地位。任何反对法外的服务的论调都是容易被击破的。

本书提出的国家学说不承认在人的相互关系内有法律权力以外的其他权力。所以它反对一个具有固有权的主权者的存在，并且否认公法和私法间的对立。因为这种区别的基础是这个假定：关系人的地位在某种场合下是平等的，而在另一种场合下是优越和卑下的。实施刑罚和强制执行的机关的组织和作用，是从完全和其他一切法定义务相同的法定义务产生的。所以，无论这些义务从普通的法律产生或者从特种的法律制度产生，是无关重要的。它们的效用是巩固公民所服从的法的权力。在它们本身，它们不由第三种法律制度保证，而是由法律利用来担保这些行政任务的履行的一种法外手段来保证，即由官吏的私人利益有赖于他们履行这些行政任务来保证。但是，如果这个手段不破坏它自己的目的，必须按照下述方法由法律保证官吏的经济的和社会的地位：他们自己的反对将防止他们利用职权达到司法以外的任何其他目的。

二、其他行政职务 履行法定义务的同样的法外保证也在管理国家的其他行政职务——像卫生、教育、给水、道路等等——的法律内看到。在这种地方，各种需要的职务也变成各种职业，并且用上述方法使法定义务变成巩固。但是，关于这些行政职务，流行的国家学说常常是有些混乱的。在这种地方，主权者并不明显，因而没有强制的执行。所以，这整个界域被认为属于私法下的国家活动范围。负担这种职务的人和那些必须执行主权职务的人大不相同。只有后者是"官吏"，并能共享主权者的特权地位。但是，国家的行政职务扩大后，尤其在特种法律制度为了这些目的创立以后，我們很难主張这种利益的范围根本属于私法。用来区别官吏和非官吏的标准——换句話說，他們的职务性質，无論是"主权的"或者"技术的"——必須放弃。整个行政范围被認为主权者的职务的一部分，所以包括在公法内。因此国家学說实际上已脱离了"旧"主权觀念，因为在大多数行政的行为内沒有任何权力的行使。政治学說不否認它本身的基础——主权觀念——便不能解决这个矛盾。同样难解决的問題是：怎样区分主权者的那些"行政"职务与在私法下用国家名义处理的这些职务。邮政局是公共事業的一部分，电报和电话的管理也是公共事業的一部分。但是鉄路和矿山由国家管理是一种新的事業。在这种地方，一个人感到处于不定的地位。这种不定因地方政府职务范围的扩大而增加。市場、交易所、度量衡、水陆交通等旧制度，可以認为属于公共事業。但是，煤气工厂、自来水厂、浴場、閱書室、农民銀行以及从前由私人經營并且适用私法的其他各种事業的管理怎样呢？这些能够称为眞正的公共事業嗎？如果能的話，地方政府是不是部分地不受私法节制呢？

实踐并不單因某种理論而保持区别，它准許同样的事件受同样的对待。倘使国家学說脱离了附属于主权者的强制觀念，那么把行政职务安置于适当地位便沒有其他困难了。許多世紀以来被認为几乎是唯一的公共事業的最古的社会事業是秩序、和平和安宁的維持，这使行使权力的机关的組織变成必要。现在我們曉得：裁判官、执行吏、典獄官、警察和军队的整个机关的根源是规定执行强制的任务为一种公务的那种法律制度。我們也曉得：这并不包含特种权力，因此不需要用主权来管理这些事業。除了这种原始事業外，逐漸發生了其他公共事業。新的法律义务設置了，并且在特殊法律制度产生的地方，出现了普通法律所沒有的新权力。

第十五节　加强法的权力

但是，在这两种场合设置的法律义务间没有重大的差异，只有在公共机关和私人机关的社会服务间有一种重大的差异。一切法律义务有同一的基础，并且为了成为"法律的"义务，必须有同一的基础。社会事业所需要的一切职务都是"公"务，正因为它们是这样需要的，并且只是为了这个原因。最后，管理公务所需要的各种权力是否由普通法律或者由那种为了种种事业而制定和集合起来构成"公"法的特种法律制度产生，是一件完全无关重要的事。所以，这些权力是否与私人可以行使的那些权力一样，也是一件无关重要的事。目前实际上为人所忽视的这些区别，一俟法外权力，即主权者的观念被放弃以后，对于政治学说也没有价值了。所以，为了说明国家职务的扩大，不必扩张旧的主权观念来把行政事务包括在内。反之，主权者从前的职务应该看做公务行政的一部分，这种公务行政的各方面，只有根据法律和普通法或者某种特别法才能够处理。

所以，简括说来，我们可以说：管理人民生活的法律制度的一部分，在实施刑罚和强制执行的行政的一部分内得到它的制裁。包括执行一切行政职务——刚才所说的一种在内——的任务的法律制度的另一部分，在个人利益内得到它的制裁，这种个人利益是负行政任务的人因执行任务而得到的。但是在这两种制裁间没有严格的区别。甚至管理行政的那一部分成文法的遵守也常常由强制执行和刑罚来保证，但是到最后，这一类法律的制裁只在行政官吏的私人利益的刺激内得到。在另一方面，最后由强制执行和刑罚担保的许多法律的义务，在私人利益的刺激内有一种额外的制裁。

因此法律采用两种手段——强制和私人利益——担保法律义务的履行。暴力多半是在法律义务含有某种自由的牺牲的时候以及在一切关系人受同等牺牲的时候才被采用。在牺牲超过这种程度或者是很不平的时候，需要某种报偿，以担保义务的履行。

但是，倘使缺乏法律义务的眞实基础，倘使所要求的事物不为人民的正义意识所拥护从而不认为它有法律效力，那么这两种手段都不能达到它们的目的。因此，管理人民的生活的整个法律制度以正义感情或正义意识为它的权力、拘束力和效力的基础。

第四章 立法

第一节 立法是一种智力的作用

在主权观念独占优势的时候，显然承認法的命令性从主权者产生出来，無論这个主权者是君主、議会、人民或国家。因为主权者对于权力有固有权，所以他的意志是实体法，因此含有法的原則。所以，立法者似乎是創造法律的积極的主权者。

实驗法学派对于这种有关法的命令性的解释和法的發生或变成有效的方法的解释，表示满意。法可以凌駕立法者的意志和智慧，这件事被認为是比較不重要的政治学或法律学范围以内的。因为在"实际的"法学者看来，法不过是主权者的命令罢了。

从这个见解看来，在被認为假想的"立法者"的主权者不曾有所表示以前，是沒有法律的。但是，在法律內發生缺憾是不可能的。所以，主权者無論有何种表示，他所頒布的法律必須認为是完全的——这是只能由發展主权者的法律成为一种"体系"才能实现的一个要求，从这个体系可以用推論方法获得任何遺漏的规則。所以，法学者的主要任务是組織应該包含在主权者的法律内的观念的"体系"。分析和綜合的奇迹已經在这个范围內發生，許多年来这个方法满足了下列要求：扩張主权者的法律成为足以应付多种社会关系的法律制度。所以，法律是从兩种泉源發生的：第一，从主权者的意志产生，这种意志特别在法律内看到；第二，从法律体系产生，这种体系用或多或少的技巧組織起来，塡补法律中的缺憾。有人以为：立法者虽然沒有說明一切細目，但是曾系統地發展了他的法律。第二种法的泉源——体系——特别是一种純粹智力作用的产物。一种法律体系的产生,的确是一件完全智力的功績。并且因为这个体系一經产生以后,它的支配力甚至扩張到成文法的內容,因此法学主要是运用几种規则,这些規则特别从它們的相互的"邏輯"关系得到它們的价值。这些由純粹智力方法获得的和具有邏輯性质的規则,支配复杂的和冲突的社会生活。律师的意見、公証人的忠告、裁判官的判决等都受下述观念的影响:法律只受三段論法的支配。所以,在法学者間,最高的能力是辯証法的熟練;在法庭上,胜訴的最好机会并不由求訴于裁判官的正义意識的人获得,而为曉得怎样用裁判官所愿意傾听的法律的邏輯的美点去补充裁判官的精神的人所获得。

第二节 編纂法典的影响

这种法律概念把法律看做一种实体,由立法者产生并被法学者的辯証法的机智造成一种包含一切生活关系的法律制度——虽然不由法典編纂形成,但是毫無疑問由它巩固。大概,载入法典的法律,早已由多世紀法学者的操作集合而为一种体系了。編纂法典不过使法学者更容易完成法的構造,并且事实上他已竭尽智力專心于这一事業了。的确,有人推奖編纂法典是一种構造体系的优良方法,它在这方面实现了它的目的,但是,也有人希望它使法律变成更接近人民。这个目的未曾实现,并且不能够实现,因为那已經編纂的法律是法学者的法律,并且大概常常存在于一般人的观念和感情的境界之外。

第三节 刑法內的改革

这种概念的法学——从主权者的意志得到法律效力,并用辯

第三节 刑法內的改革

證法使它的內容發展成為一種概念的連鎖——在"刑法"范圍內遇到第一次重大打击。把处置犯罪看做一种裁判的现象，是非常违反它的社会意义的，因此它赤裸裸地暴露了学说和生活间的——实体法和正义的根本原则间的——冲突。然而，没有一部分法律使社会生活在组织、概念和分析中的凝结达到刑法内人工制造的程度。社会罪恶，像盗窃、杀人和暗杀，虽然和历史同样古远，但在现在的刑法内由列举它们的"要素"加以说明，因此刑法丧失了它的全部灵活性。犯人的责任是一种被人以为只能由个人和社会心理学的援助确定的一种因素。但是，这个问题由法律改变为若干种裁判形式——改变为数目有限的几种犯罪和图谋——犯人的责任及其刑罚的程度就用这几种裁判形式加以决定。的确，犯法以几种参加犯罪的形式为限，例如：主犯或从犯，唆使别人犯罪，和其他。因此，裁判的技巧必须再依赖智力，首先确立种种概念，然后依照这些概念决定谁是犯人。

刑法的最近趋势明显地指出这种人为的法学工具不能达到所期望于它的镇压，在这种情形下，因为法律构造的优越，"正当的"镇压问题难以提出。这种较新的趋势，在脱离法律的独断的时候，主张刑法学应该研究成为一种社会实物的"个人"的价值或无价值，不把犯罪行为看做分析法律的机会，而把它看做不过是一个特定人的社会价值内的缺憾的征候罢了。这种征候最后可以呈现一个实施种种方法以防御和避免未来社会罪恶的机会。因此，刑法学从一种裁判的独断学改变为把刑法看做种种社会利益的评价的结果的一种"评价学"。因此，在这个范围内，立法者和裁判官的判决资格，不是一种裁判的唯智论，而是存在于这种利益的评价基础上的伦理见解。

第四节 私法內的改革

大約在同一个时候,就是在前世紀的七十年代,法律概念和实际生活間的显著要点中缺乏和諧,这表現在私法范圍内。荷蘭的福开麻·安德利(Fockema Andreae)和哈梅克(Hamaker)兩教授,尤其德意志的席洛斯曼(Schlossmann),証明法学中通行的契約观念和商業中認为有拘束力的实际契約是不能够調和的。按照科学的理論;当事人关于他們的意志的一致(心理的相投)所抱的意思必須一致。然而事实上,虽然無数契約上的义务被認为有拘束力,但是在这种契約內,不但沒有这种意思的一致的証明,并且在这种契約內当事人間显然缺乏任何心理的一致。唯理論的法学者同从前一样赞成科学的定义,并且同概念法学的强制的意向完全相合,要求实际的执行应該遵守定义。但是商業的利益非常反对这种学派的束縛,因而不得不拋弃从前的理論上的契約观念。在当事人締结一个契約时的行为表現一种承認他們互相拘束的充分理由的場合,才承認义务的存在。因此,法律行为是否被看做一种契約,是沒有兩样的。这种情形是重要的,因为以种种利益(在这种場合是商業的利益)的价值为基础的一种正义,第一次被确認为优于另一个法律的原則,这个原則只因为同智慧地载入成文法內的一种制度一致,才認为正当。

法学者思想上的这种改革,并不像从上述的說明那样,頃刻間完成。依賀林(Ihering)在其著作罗馬法的精神("Geist des römischen Rechts")最后一卷討論法理的时候,在这方面采取最早的重要步驟,他不把人类的"意志",而把人类的利益看做中心点。他的著名的权利的定义——"法律保护的利益"[①]——用几个字表示关

[①] Sect. 60, Ed. 4, Part III, p. 389.

于法律的实际意义的见解，这个见解使他背弃了唯理論的法学幷想把法学放在高于潘台克兹(Pandects)所放过的位置。他的法律的目的(Zweck im Recht)含有这种尝試，但是在前一种著作內提起的，在保护的利益內找寻法律的实际內容的那种重要观念，不曾充分發揮。他不能摆脱他虽詆毀而常常使用的辯証法。因此，这部偉大的著作充满了使"法律的方法"丧失信用的那个辯証法。因为这个緣故，它不能够对于法律的真正意义的进一步的研究有所貢献。

但是，依贺林的"法律保护的利益"没有丧失，反而逐渐从这个观念中产生了下列重要原则：法律启示一种关于"利益"的"价值的判斷"；在这个判斷內，人类的道德性被表現出来，因此立法根本不是一种法律作用，而是一种"倫理"作用。

第五节　对于判决的影响

这个见解对于法庭的影响，是不容怀疑的。当立法的邏輯方法用在不属于成文法的活法的时候，它們的职务提高了。当結果同正义的这些活的原則矛盾的时候，單純的邏輯推斷就不够用了。因此概念和制度变革了，直到得到一种基礎为止，在这种基礎上眞正的法律能够用推論的方法产生出来。起初，裁判官不感覚这一点；他自然而然地采用另一种法而非原来的成文法，同时他以为，他不过采用解释后者的另一种方法罢了。① 最后，因上述种种結果，法学对于成文法以外的其他法律承认有效，因此不能再抑制承认变化的意义的影响了。但是，法的这种变化的意义不像裁判官所占据的立法者的地位那么引人注意。在解释成文法的假面具之下，有人相信他开始自命为一个立法者，幷企圖証明裁判官

---

① François Gény: "Méthode d'interprétation", 1899.

侵入不屬于他本身的范围是正当的。照这样子，研究就陷入迷途了。因为，經过变化的不是裁判官的行为，而是把成文法看做法律淵源的观点。裁判官已經在多年前引用非成文法了，但是在这种地方，他幷沒有超越司法部的适当范围，即引用業已存在的法律，而不制定新的法律。所以，革新存在于不再承認立法者壟断法律的这个事实內。但是这个見解只在根据如下的假定才能維持：法律的統治权从人的內在的正义意識發生，换句話說，从我們的道德的冲劲發生，这种道德的冲动反应在外部的行为幷使我們对有关这种行为的利益加以評价。所以，裁判官使用他的变化的判决方法只是处于比从前成文法是至高無上时更加广博的規則的界限內。他的行为同从前一样；他不曾变成一个立法者。裁判官不曾公然宣告一种新發現的法律的宝藏正在开掘，这是十分明确而正当的，因为一种新的見解有被人承認的好机会，倘使它适合有关的团体所熟悉的思想途徑。幷且因为这个团体慣于使用邏輯学的方法制定法律，所以近代的裁判官繼續按照概念和成文法的体系执行他的职务，虽然实际上他引用活的正义原則，即使这种原則不属于成文法。

第六节 主权观念和宪法

同时，那种唯理論的法学在刑法和私法內被别种取而代之了，它正在宪法的范围內开始工作。这里是一塊未耕的田地，这塊田地由拉彭德在其1876年第一次出版的德意志帝国法律論（"Staatsrecht des deutschen Reichs"）內进行了耕种。因为他的著作出版以后，法律的这一部分也受了概念法的束縛。出發点从前是，现在还是主权观念，即用国家名义行使的一种法外的發布命令权。因为最后的权力不是从法律得到，而是相反，法律从国家得到它的

第六节 主权观念和宪法

效力，所以，我們不能够恰当地说一种国"法"（宪法）学，但是只能够说一种国"权"学（政治学）。因此权力观念充满了法学方法所产生的国家的構成概念。陆海军的組織是国家权力的一部分（軍事权）；財政構成权力的又一部分（財政权）；警察代表权力的又一部分（警察权）；司法構成权力的第四部分（司法权）；等等。国家划分为几部分权力。的确，立法权本身只是国家权力的一部分，这个部分就是规定当事人間的种种关系，因此——据说——涉及正义的原則的那一部分。除了这些权力都从国家产生以外，它們沒有共同的基础。但是，按照这种見解，国家只是一种單純的抽象概念，因为实体存在于各种分离的权力內，每种权力專門从事于一种特定的任务。产生权能的正是这些职务而非法律，因为法律是沒有固有权力的。倘使这个假定严格地維持，宪法将变成一种純粹的記述科学了。但是，事实上，它已經前进了一步，并且已經承认法律是一种不属于国家的管理权。因此，拉彭德能够写出我們已在序論中引用的话："除根据法規外，国家不能要求履行并且不能实施束縛，不能命令它的人民并且不能禁止他們"。但是，德国的政治学沒有明确了解，在承认这句话的时候，必须抛弃主权观念，即国家的固有权观念。它主張这个观念有二重结果。第一，政治学說运用两个权力。在有明确的法律规定的时候，法的权力占上風，但是当法沒有载入一种成文法的时候，国家的权力占优势。第二，必须求助于法学的辯証法，以解除二重的最高权力——国家权力和法律权力——的矛盾。从这个观点看来，关于成文法概念所提出的假定，是足以引为教訓的。如果假定法律是对于国家也有拘束力的一种权力，那么成文法则可被看做一种正义规则。但是假使假定国家是把拘束力賦与法律的一种权力，那么必须把成文法看做同代議团体合作制定的一种法規了。因此，在第一种場合，成文法的效力从它的内容——正义的规則——發生；但是在第二种場合，正义的规则的效力从它载在一种成文法这个事实內發生。这个冲突由利用成文法这个名辞的形式意义和实質意义間的区别隱藏起来。因此，有人企圖証明，这个名辞用作一种表白国家权力的形式和一种正义的规则是正当的。在前世紀七十年代，当几年前俾斯麦和普魯士議會間發生关于预算的爭論时，拉彭德曾利用这样得到的自由擁护政府的財政独立，使其不受議会的节制。因此，有人說，就形式的意义来解释，預算表是一种成文法。但是就它的本来的或者实質的意义来說，应該把它看做一种行政命令，这种行政命令在原則上是屬于政府权限以內的。后来，这种含混的区别逐漸在德国的著述內推广到整个宪法范围，因此隐藏了国家权力和法律权力的双重假定。

在君主立宪国內，君主是国家权力的唯一的和絕对的把持者，这个原則是另一种关于政治学的假定。同立法相关的代議团体的意議被这个假定所誤解了，同时，尤其在有議会制度的国家內，君主在这个职务上所任的角色全被誤解了。

此外，还有这样一种情况：法律的辯証法的虛伪影响宪法。这种法律的基本原则，在只能用一种不同的和比其他立法需要更精細的手續修正的一种宪法內制定。因此，在宪法內进行必要的变更，比在其他实体法內困难得多。前面已經說过，这些变更由一种法外的方法实行，因为非成文法由無組織的正义意識产生。但是，德国的政治学不愿意說明这种法的發展方法，因为它不承認主权者的法律以外的别种法律。因此，法律"必須"求之于宪法。幷且，倘使我們只曉得曲解宪法的規定的技术，或者用巧妙的辯証法变更它們的意义的技术，使新的非成文法能够成为宪法，那么这种法事实上是求之于宪法了。我們已在其他著作內指出，在荷蘭可以找到这种方法的許多例証。在这里，主权观念的固执也終于曲解一部分成文法，幷且也贊助下列見解：一个人如能發揮必要的机智，就能任意操縱法律。但是这种法学的唯智論剝夺了法律的一切倫理的价值，而且贊助这种方法的科学犯了一种有害的錯誤。

第七节　行政法內的主权观念

使实际情势的观察同样混乱的是在行政法范圍內固执主权观念。这一部分法律并不被認为是代表利益——或者私法所規定的利益以外的利益——的評价結果的規则的混合体。反之，主权观念由于在私法和公法間規定一个根本的区别，破坏了法律的重要統一。在法律看来，主权者的利益——正因为它們是主权者的利益——优于公民的利益。因此，在这个范圍內的法律关系和私法范圍內的法律关系不同，不是根据利益的同等价值——在法律看来——这个假定構成的。所以，行政法的重要性并不在于承認属于公共利益的法律价值，而是存在于这些利益原有的优越价值的"限制"內。因此，在原则上，主权者并不从法律，而是从他是主权者这个事实，得到他的权能。結果，主权者可以不受法律节制，用任何手段，甚至用限制公民自由的方法，培养公共的利益，因为法律（換句話說，成文法）并不禁止他这样做。

在另一本書①內，我們已經指出，公法和私法間的原则区别是难以持久的。同一个要点經荷蘭的范依辛格（Van Idsinga）并經欧列奇（Ehrlich）②，魏尔（Weyr）③，和汉斯·凱尔森（Hans Kelsen）④加以有力的闡說。这个区别同主权观念相符合。本書对被認为宪法的基础的主权观念提出了徹底的批評。所以，我們不必

---

　　① "Lehre der Rechtssouveränität", 1906.
　　② "Theorie der Rechtsquellen", 1902.
　　③ "Zum Problem eines einheitlichen Rechtssystems", Archiv für öffentliches Recht, Vol. XXIII, 1908, p. 529.
　　④ "Hauptprobleme der Staatsrechtslehre", 1911.

再解释同这个观念有关的行政法的性质的误解。依照近代国家观念——它不承认法律权力以外的其他权力，并且对于自以为是的主权者不留余地——行政法和私法间在原则上没有区别。前者评估后者评估的利益以外的其他利益；但是，在二者，任何利益的优越价值只能从法律评价产生。因此，我们站在巩固的实际基础上，这个基础不承认法律以外有权力，有优越的利益。

奥吐·梅尔(Otto Mayer)的德国行政法(Deutsches Verwaltungsrecht) 是在主权观念的指引之下讨论这种法外的"权力享有权"的最明显的例证。在本书内，权力变成一种同一块土地一样能够移让的实体。读者可以自己判断："国家是它领土内的公权的唯一来源；其他一切权力——无论属于哪一个人——都是从国家得来的，是从国家的'公权产生的一种权力'"①。还有："'公权的一部分'——就是属于公权的权力的行使——分握于臣民之手，所以他可以成为它的主人，并且可以用他自己的名字并为他自己的利益，使用它"。② 这是德国行政法所由产生的精神——在第二版(1914年)内重现，只有字句上稍有改动——因此法学者被导入一种公法，这种公法完全可以说是没有实际性概念和从陈腐的政治学说引用的名辞间的一种交替。例如：在讨论公法上的财产时，我们看到下面的定义：它是所加于一种事物的统治，"公务行政是和这种统治相同的；这种统治不用作公务行政的一种方法，而'实际上同公务行政合成一体'"。③ 但是，法律对于事物的统治有什么关系，并且在同公务行政合成一体的事物的观念内有什么丰富思想呢？从一种陈腐的政治学说取得的名辞的使用，可以在立法权和执行权的对立的维持内看到，这两种权力各有各的特殊"能力"和

---

① Vol. I, p. 112.
② Ibid., p. 114.
③ Ibid., Vol. II., p. 74.

"特性"。因此,法律的"优先",偏袒法律抑制执行权的"种种保留条件",以及法律的"拘束力",被用来对抗"原始的方法","活动力"和"执行权的法律的拘束力"。① 执行权和立法权的能力和特性,在这些沒有任何內部联系的陈腐的类目下討論。这种在根本观念上用一种完全煩瑣的和辯証的方法討論枝节問題的書籍,在公法范圍內提供了唯理論法学的令人气挫的例証。

第八节 宪法和行政法体系的混合性

同在宪法范圍內一样,在行政法范圍內也需要观念的根本澄清,这是不能否認的。但是,这只在下列情况下才可能:国家观念不在主权者权力內而在法律权力內看到,幷且法律的兩种体系的混合性被含弃。在法治国家学說發生之前存在的旧政治学說,專門研究主权观念,因此專門研究自然所設立的种种权力。但是,在这种地方,它至少是合于邏輯的,幷且不要求主权者服从法律。倘使法律統治权業經承認,那么事实上沒有主权者,但是有某种不同的东西——国庫——存在。的确,我們可以攻击这个学說,說它是从一种双重的国家概念产生的;然而这种双重性一經承認之后,国家对于法律的关系就明确了,确定了。

法治国家学說产生了主权者也要服从法律的观念。但是这种观念給政治学說带来了一种極度的混乱,因为现在兩种权力——法律和主权者——互相冲突。倘使我們保持整个主权观念,换句話說,法以外的权力来源的观念,那么就无法解釋主权者的服从法律了。倘使我們承認法律是权力的原始来源,那么便不許保持主权观念。但是兩个观念都保持着,结果宪法和行政法都缺乏一种穩固的出發点,都不能够構成一种体系。有时,几种权能——像警

---

① Ibid., Vol. 1, P. 71, and Vol, 1, (Ed. 2), pp. 65 ff.

察和軍队的权能——从主权者的权力得到;有时,尤其关于日常的行政事务,承認法律是权能的基础。

只有用下述兩种方法之一才能把宪法和行政法从这种沼澤內挽救出来:回到旧的警察国家的政治学說,或者引用不承認其他权力有效而只承認法律的权力有效的新的政治学說。調和是不可能的;幷且因为实际政治完全脫离警察国家学說,因此,只有坚持在主权复亡后仍旧存在的那种权力——就是法律的权力——才能明了幷管理事务的实际进程。倘使这样实行之后,那么充塞文献幷且仍旧在文字上存在好似警察国家遺物的种种权力,将分解而为权利和义务的一种混合物,这种混合物——代替各种公共利益——是由有組織的或无組織的社会正义意識活动造成的。这种正义意識是一种眞正的权力,幷且是唯一的眞正权力,因为服从它的命令,不是由于强迫,而是出于自願。

第九节 新旧政治学說的合理結論

旧的国家学說和法律学說同新的国家学說和法律学說間的原則上的对立,引起許多結論,我們总結起来分为五点。

一、法律的拘束力 旧的国家观念和法律观念,为了使法律具有效力,要求一个位于人民之上的主权者。这个主权者对服从他的权力的一切人制定法律,因此,除主权者的法律外,沒有其他法律。现在法律被認为一种规范,从人的精神性質——他的正义意識——得到它的拘束力。有了这个見解,主权者在法律学說和政治学說上不再是法律的来源了。

二、法律的独占 在主权观念支配下,从前法律是被主权者独占的。在法律內有缺憾的地方,不得不托庇于无所不知的立法者的观念。在这个立法者的下意識內,隱藏着可以用辯証法表示出来的

第九节 新旧政治学说的合理结論

無数規則。現在成文法所支配的界域，只限于在立法时实际上存在于立法者的见識內的那些利益和他所了解的那些利益。在另一方面，非成文法供給适用于其他一切利益和事件的规則。这种非成文法事实上是立法基础上同一順序的結果；立法只是代表有組織的正义意識的活动。在这个順序里面，立法者沒有討論到的或者只規定一部分的利益的估价，是同一类的，幷且是按照在国会內公然决定的那些事件所用的同样标准进行的。

三、效力的繼續 从前法律有無限制的效力。倘使主权者不表示相反的意见，那么虽然不免有虔誠的嘆息，但成文法仍旧强迫施行——强固的法是成文法——幷且虽然不是常常为人遵守，但仍旧要求服从。现在,我們曉得，成文法的效力的基础存在于不仅在国会內举行的种种利益的評价內；在整个社会生活范围內的公民权繼續参与这种評价，把它的法律信仰的标准实施于各种利益，甚至实施于成文法內已經評价的那些利益。因此，全部法律是一种活的有机体，它的各部分，当制定成文法或立法时流行的那些法律信仰以外的其他法律信仰占优势的时候，死亡或复活。它是一种活的順序，世界上沒有权力能够阻止它的發展。的确，原始的生活能够用人力維持一定的时期。不引起人民反对的某种事物可以暫时保存起来，成为社会生活內的一种势力。但是，除了成文法和正义間的紧張变成相当尖銳时，现存的秩序被一种革命所破坏以外，这方面的最大努力是不能有所成就的。因此，在法律信仰的力量未經依照一种規范方式予以承認的时候，这种法律信仰不能够变成有效。

四、成文法的解釋 当把法律看做主权的产物的时候，立法者的"用意"被看做确定法律內容时的一个重要問題。因此，使用各种方法追究这个用意，希望它在解釋法律时可以用作一种指导。现在我們曉得，如果允許成文法保留它原来应有的效力，那么现代虽然已不感覺古代的法律信仰有效，但是这些古代法律信仰往往仍旧有效。法律的統治权的真正基礎因此傾复了，各时代所有依照它自身的正义意識——它自身的法律信仰——生活的权利也傾复了。在后一种情形下，說是我們生而具有的一种权利并非不当。現代是完全屬于我們的。我們完全反对向历史請求判斷。当使用这种請求替不复反映人民的重要信仰（例如，有人說上帝在历史內显示的时候）的法律獲得制裁的时候，这簡直是在应該要求拒絕时勸人服从。抵抗是从阻碍成熟的精神生活誕生的那种历史的和傳統的束縛下解放我們的感情、思想和意志所不可少的。

五、司法判决　最后，新的政治学說和法律学說用另一种观点解釋法庭的判决。同立法的情形一样，唯理論的法学，在司法判决內，除看到智力的使用外，从来看不到什么。这种情形的重要結果是：对于每椿具体的事件，用邏輯的方法，把法从成文法演繹出来。正如規則从它在"体系"內所占的地位得到它的重要性，从而根本上具有一种邏輯和法学的价值一样，施用这种規則的司法判决是智力活动的結果，并能成为一种推論法。

但是，在承認下述見解，卽成文法不过是活法的一部分并且应該把一切法律看做利益的評价結果的时候，法庭的职务便有一种完全不同的狀态了。甚至当把包含在成文法內的規則看做一种出發点的时候，它的裁判仍旧在推論法之上，因为这种規則含有一种关于抽象地設想的利益冲突的判决。裁判官必須决定同样的冲突，不过在具体的利益間；因此，卽使关于成文法內的規定，他也必須重新权衡利益的輕重。这主要不是一种純粹智力的作用。同在它之先和在它之內达于最高点的立法者的工作一样，它是一种"倫理的"作用。

从这个观点看来，在成文法沒有規定和裁判官必須引用非成文法規的时候，法院的判决具有一种特殊的意义。很明显，倘使裁

第九节 新旧政治学说的合理结论

判官只是从"体系"的倉庫內取出規則,那么我們便不能說在这种情形下寻找法律。在这种场合,某种审判能力——必要时由正义感情引导——是必要的,但是正义感情幷非判断的决定因素。裁判官一經脫离这种用推論法从成文法演繹出来的智力化的法律以后,以及他一經看到法律的倫理的意义是利益的冲突的判决以后,他必须在法律完全没有規定或者一部分没有規定的时候,考慮發生利益冲突的社会团体內无組織的正义意識,幷且必须按照这样發現的非成文法执行判决。这幷非說裁判官从事于立法职务;我們早已討論过这个錯誤見解了。① 裁判官正在逐漸完成这項任务——虽然或者秘密地——因为种种流行的信仰现在仍旧同它十分牴触。統观上述,我們十分明白,至少在私法范圍內,主权者的法律的权势——以及它的智力化的法律的有害結果——已經讓位于把法律看做一种倫理力幷决心实施这种倫理力的一种見解了。

---

① "Supra", pp. 134 f.

第五章 利益和正义意识

第一节 关于利益的知识和公平

凡从事立法的人都必须具备兩个条件。

第一，必須具有兩种关于利益的知識：为了有利于前一种利益，必須决定一种法律价值；幷且为了决定这种价值，必須牺牲后一种利益。一种利益的法律价值特别在同它冲突的其他利益的社会力量的限制內表现出来。在能够决定这种限制以前，必須研究兩种利益的內容，幷考虑每种的需要。

第二，評估利益的正义意識应当安置在公平的地位，这在立法上認为是必要的。凡参与立法的人，都不应該因制定一种法規所生的自由的限制而發生个人利益或損失。解决利益冲突的正义意識，必須力求保持純潔，幷且必須避免能够限制它的全部效力的任何事物。

这兩个条件中，后者最为人所顧慮；因此我們在政治学說內看到無数尝試，希望实现我們可以称为沒有利害关系的立法者。至于另外一个条件，就是立法者应該曉得适当的社会利益，多少为人所忽視了。我們將依次討論这些尝試中比較重要的几种。

第二节 柏拉圖的理想

最古和同时最有名的不顧私人利益的立法者的学說，可以在柏拉圖的共和国內看到。在这本書內，这个问题虽然沒有用許多話来陈述，然而是一个重点。柏拉圖想用共产式的生活的激烈要求实现统治阶级的最纯粹的正义意识。统治者为了繼續免受一切挂念和利益,他們自己可以没有妻室,没有子女,没有财产。凡能阻碍合理的統治权的行使的一切因素,都应該尽力排除。因此,柏拉圖承認与牧师終身不娶的主張相同的論据,就是:凡專心于完成人类道德的人,都必須拋弃一切个人利益。

柏拉圖的理想企圖用一种外部的方法,即用消灭利益的方法,克服統治者的私利。这个观念对于我們的时代不是毫無价值的。现在,有許多参与立法的人被私利所支配,除了自己利益以外他們不顧其他利益;他們想使立法成为改进他們自己的經济狀况的工具。假使这些外部情形發生变化,倘使影响他們的正义意識的經济要素一部分消灭,他們將比較公平地評估权利,这是不合理的嗎?事实上,这不是已經在实行了嗎?因此,柏拉圖的思想得到一种不同的应用。不用抑制需要,而用滿足需要的方法,使統治者具有一种宜于立法的心境。物質的挂念旣已消灭,便可努力于实现理想的目的了,这在許多場合的确是遇到的。

第三节　君主政体

在同一思想范圍內,有君主政体的解释,可以給我們一种不受应該估价的利益影响的正义意識。在这方面所主張的当然不是專制的君主政体的复兴,而是君主和議会共同參与立法的那种宪法上的权能的保留或复活。因此,在議会决定之后,还能够向一种不受一切有关的利益影响的正义意識提出控訴。这种正义意識可以在君主政体內找到,因为在这种地方,一个家族被高举在社会之上,并且关于名譽及财产有一种优越的地位;因此它占有一个超社会的地位,使它能够大公無私地干涉社会利益的冲突。

在表面上,这种論据是确当的。但是,事实上,君主政体消灭了，并且在它们继续存在的地方，君主的否决权在议会制度之下丧失了它的力量。即使在君主的权力仍旧在宪法上占重要地位的地方，像到最近为止的德意志各邦内，对于这种完全存在于国民之外的正义意识的反对逐渐得力。这种种事实，使这种关于利益和法律间冲突的解决，发生怀疑的价值。依照在十八世纪要求君主政体修正法律时所造的纪录看来，君主政体的历史并没有证明这个制度同它应做的职务同样发达。现在同当时一样，因为君主站在社会生活之外，他缺乏社会利益的真实知识。的确，这种知识似乎能够由议会或者由其他机关给他，但是即使在那个时候，他至多只是具有关于这些利益的一种理论上的知识罢了。他直接感觉不到利益的重要，或者不能恰当地评价它们，因为他同所含的各种需要离得太远了。在君主政体内，或者有一种不顾自己利益的立法者；但是，立法除需要公平之外，还要洞悉社会的利益，而这是君主政体所缺乏的。这种缺乏的补充不免要危害成为君主政体要素的公平。所以，事件的过程愈使这个制度落后了。并且这个顺序被下述的事实所促进：虽然这个制度所推奖的公平是这个制度的特性，但是它并不常常是戴有君主的荣誉的个人的特性。决定法律应该怎样的那种正义意识，对国家和人民的利益或者是一种福利，或者是一种祸患。有人以为这种正义意识应该依赖诞生的偶然，这种辩论是属于下述一种思想体系的，这种思想体系，当一般人否认偶然是管理权利分配的一种权力时，就不能再辩护了。不但这样，当我们想到，调整人民的正义意识是使法律发生效力——同伦理力一样——所不可少的时候，便不能把决定力给与一种完全不和人民的信仰一致的正义意识了。

第四节 智力

一般人相信,得到一个不顾自己利益的立法者的方法是给与智力以自由的發揮范圍。从公平观点着想,这种方法似乎很动人。我們可以相信,思想和反省使人神經不致过敏,这种情况是很接近公平的。具有智力的人比其他人不容易动感情。受智力支配的人在判斷时特别能够深思熟虑。

为了希望智力能够占优势,必須設立一个代表有思想力的一部分人民——国民中的智者——的議会。因此选举必須这样安排:选出的議会在集会时將成为一个受理性和智力支配的議会。这种关于代議制度的思想的结果,可以充分在<u>基佐</u>(Guizot)的著作內看到,他可以用作討論中的一种倾向。

照<u>基佐</u>的意思,公民可分为三类。第一类包括那些因为社会地位优越,享有充分閒暇,能够專心致力于一般幸福的人。"他們的閒暇'允許'他們差不多完全致力于增强他們的智力,研究一般的目的、关系和利益"。在这些我們可以称为从事研究的人的下边是企业家——从事管理工业的人。这些人,为了他們的事业,"必須"熟悉当时的社会变迁,从而也必須注意政治和社会問題。他們是"被他們的事业所'强迫',不得不获得使他們了解一般的关系和利益的那种知識和观念的人"。第三类包括手工劳动者。"他們的工作'阻止'他們超越他們个人的利益的狭小范圍,而以满足生活必需品为限"。<u>基佐</u>以为应该把选举权給予这三类中第一和第二两类,而不給予手工劳动者,因为他們"以满足生活必需品为限"。因此,人民的非智慧的部分被摒弃在社会之外,只有智者被留下了。不但这样,选择的順序得到如下的利益:劳动阶级的利益由一个代議机关保护,这个机关的議员不为該阶级的利己的利益所影响,因此組成一个对于这些利益特别公平的立法机关。

大概到 1880 年——自由主义时代——为止，这个见解在实际的和理论的政治学內占优势，它的主要錯誤现在是很明显的。它在智力的培养中謀求一切社会罪恶的消灭，而忽略了智力是能够用于为善和用于作恶的一种力量。因此，虽然立法的主要问题存在于克制私利的势力，但是在一种以智力为根据的統治內，不能够保証"国民中有思想力的一部分"不考虑有关他們本阶級的利益。我們不能保証，他們在立法上不表示这个阶級的私利，而忽略否認他們是一种"公平的"力量的第三集团的利益。密尔（Mill）曾經明确地叙述了这种自由主义的謬誤。他說："統治者和統治阶級必須考虑有选举权的那些人的利益和愿望；但是对于沒有选举权者的利益和愿望，他們是否愿意这样做则是他們的自由；并且無論怎样忠实地处理，他們一般地都过分忙于他們"必須"处理的事务，因此他們的思想中沒有充分余地容納他們可以忽視而不受責罰的任何事件。"①

自由主义的政治运动永远不發生下述观念：参与立法者的主要資格不是智力而是品性。它忽視了立法的"倫理"方面，并且同大多数人民的代表所由选出的当时的整个法学界一样，它把立法者看做一种智力的活动。倘使有人查閱当时的国会辯論，他差不多将在每頁上都能看到討論时引用的法学者的狡計。他几乎看不到下述观念的痕迹：一切立法的精华，不存在于一种应该用技术方法执行的工作內，而在一种用倫理标准来衡量利益。这种偏心是完全可以理解的，因为自由主义在公共生活范圍內一般并不考虑倫理和宗敎。在个人生活內輕視这些有力的因素，充分說明我們现在仍旧遇到强有力的敎会的反动。但是，自由主义的错誤，在国家权力"中立"的要求——这是这个运动的主智主义的前提的必然結

————————
① "On Representative Government", Ch. VIII.

第四节 智力

果——内表现得最明显。它从"公平的智力"推断"公平的国家";它相信,在各个范围内,尤其在立法的范围内,承认中立的时候,公平最容易实现。因此,它并不想把每个人所应得的给他,但是想把同样的给每个人:给每个人以同样的教育,给全体人民以一所学校;给每个人以同样的法律,就是替贫富制定同一的规则;给每个人以同样的自由,就是在决定法律关系的条款时给予一种同等的自主。但是,虽然这种办法消除了一切社会差别,然而关于宗教和教会的生活并没有考虑不同的需要;它忽视了各个人的实际的不平等;它实施无规律的社会势力能够赖以支配立法的一种放任主义的制度;并且到处在可能范围内承认竞争的关系。国家的中立事实上等于给若干种趋势和社会利益以一种秘密的援助,因此中立这个名词事实上是一种误称。

反对自由主义政治学的结论的学说事实上并不缺乏。但是,倘使一个学说只以逻辑为其理论基础,这个学说的一部分能够给人驳倒,事实上一部分的确为人所驳倒。一个学说只以人类的精神为根据时,它的真正的势力才开始发现。然后它用一种只能够从觉醒的天良产生的力开始活动。在这种场合,它也这个样子。目前我们所遇到的政治学上的改革,不是从智力而是从天良发生的。在采用中立和自由口号的有思想的一部分人民,已经放弃"以满足生活需要为限"的没有思想的一部分人民的时候,一种不能够用弹丸和骑兵镇压的叛乱发生了,因为人们的精神已被唤醒了。在精神生活的整个范围内——在文学、宗教、道德、艺术的范围内——和法律范围内,我们从前世纪八十年代以来已经看到一种情感的爆裂,即脱离唯智论的傲慢。以新的觉醒的精神生活为基础的一种新的诞生实现了。因此政治学也摆脱了浸透自由主义的索然无味了。

被看做国家行为的重要原则的中立只是曼彻斯特学派学说侵

犯实际政治的一面旗帜。但是，它与国家只是一种权力的表现这个观念有密切的关系，或者无論如何，它与在这里面寻找本质，从而設想国家不和任何目的有关的观念有很密切的关系。在另一方面，当国家被看做是在法律里面表现的一种精神力的时候，便不能再主張国家的中立是一个原則了，因为我們不能認为国家缺乏一种使命。国家不能够并且不应该是中立的，而且事实上永远不是中立的。在一定的情形下，国家应否干涉人类的各种关系可能是一个爭执的問題，但是，当重要的民众利益处于危险地位时，因国家的假定的中立而拒絕参与的政治家，無疑地放弃他对于社会应尽的义务了，無論它是一件有关社会經济生活或精神生活的事件。因为按照法律，社会有一种道德的力量，这种道德的力量——因为它的精神性質——包括目的和用意。

不把国家的中立看做一个原則，而依战术的基础加以辯护，那就多少有些不同了。即使在社会的疾病或罪惡的存在已經明白証实的地方，也能够有力地要求国家的寬容。事实上国家并不單独享有救济的力量，更永久的结果常常因等候其他力量的活动而得到，而不必法律权力的干涉。这在宗敎运动尤其确切。那迷信一种野蛮的正敎或者行为誤入邪途的民族，必须加以振作。但是，在这种地方，历史告訴我們国家不干涉主义，因为平衡只能够在自由中恢复，因此没有法律的干涉。但是，即使在这种地方，中立的战术也有种种限制。在达到这种限制的时候，那成为一种道德力的国家的天职有使宗敎生活也受它统治的权。

第五节 利益的平衡

智力不再是政治学上的决定要素了。沒有思想的一部分人民所加于議会組織的势力，已經得到保証了。然而立法問題比从前

第五节　利益的平衡

更严重，因为种种社会利益的冲突，在从事于立法的议会内，愈变愈剧烈了。假使这种冲突不能够避免，那么必须把它看做一个出发点。但是，从这个出发点，怎样得到一个不顾自身利益的立法者呢？密尔对这个问题曾有一个解答。第一，代议制度必须照下述方法安排：在议会内，在各种社会利益间确立一个"平衡"。这个平衡可以通过复数投票方法得到，尤其通过把冲突最显著的社会阶级——资本家和工人——加以平均的方法得到。在国民不为人种、语言或民族所分裂的国家内，有两个主要阶级：(一)劳动阶级，以及依赖他们的那些人，就是一班小商人和小企业者；(二)广义的雇主，资本家也包括在内。倘使这两个阶级公平派遣代表，将仍旧不会使立法停止，因为，依照密尔的预言，在各个阶级的代表中将看到少数人能够重视理性、正义和一般的幸福，而轻视他们的阶级利益。这种对较高的动机而不对阶级利益发生反应的人，在政党投票时保持权力的均衡。他们为了防止阶级立法，同反对党联合，在这种情形下，这个制度有一种消极的效果。积极的效果可以从高尚的和独立的议员赞助有利于其他党的政策时看到；在这种情形下，该党的阶级利益被认为是合法的利益。

所以，不顾自身利益的立法者事实上可以在社会内寻找。由于采用代议制的结果，他们自然而然地出现了。他们是谁，没有人能够预先晓得；只有在他们投票反对本党提出的政策时，或者投票赞助其他党的政策时，才能明白这一点。因此，各党的精华——在用这种方式选出后——将成为代议制度所需要的，其他人可以各自回家。但是，因为精华随时变更，其他人"必须"存在——在这种地方，制度破坏了。精华在某一个时期由若干代表组成，在另一个时期由其他代表组成。但是，倘使一切轮替的都属于投决定票的那些人，那么他们都有正义的标记而没有真正的精华了。因此，密尔的巧妙的制度证明是错误的。

第六节　冲突的解决

其他不曾加以考虑的每种制度有同样情形，因为一个不願自身利益的立法者是一种假定，这种假定只在牺牲同公平一样为立法所不可缺的第二个条件，才能够实现：探究由立法評价的那些利益。的确，立法者愈完全脱离这些利益的势力范围，他將愈公平；但是，因为他缺乏知識，他將愈不能适当判断它們的重要。反之，他愈接近那些利益，他愈能明了它們的性質和意义，但是他不大能够保持他的公平。徹底的公平將从齐諾派的輕視社会利益得到；純粹以利益为基礎和缺乏一种严正的公平的政治，將在革命的情緒內产生。所以，我們既不能够分离两个条件，也不能够偏重这一个而輕視那一个。它們必須以同等程度在同一个人身上结合起来。感觉利益的跳动的同一个人必須保持平衡。但是，倘使真的这个样子，那么，因为这两个条件是互相反对的，所以冲突不在个人的外部而必須在他的"內部"克服，是自然明白的了。人民代表，同投票者一样，必須具有提高他們自己达到一种客观性水平的力量，在这个水平上，所有同他們自己的利益冲突的那些利益的价值是非常明显的。当因民主政治扩張，阶级利益發現同议会內其他阶级利益冲突的时候，种种事情必須以满足我們的立法者的意識、选举者和被选举者的意識为目的，不抱有他們能够行使的权力的观念，而是抱有他們必須实现的公正原则的观念。我們利用法律，希望实现一种精神力的統治，而非一种依賴强制以自存的权力的統治。所以，民主政治的座右銘存在于增进群众的道德力。

陈述一切有利于这个目的并且已在目前生存和成長的一世代內施用——例如兒童保护法——以增加对于法律势力的感受性的方法，是越出本書范圍的。在另一方面，我們必須指出，在立法的

第六节　冲突的解决

組織內，对于搜寻不顧自身利益的立法者过分注意，而对于充分明了利益的需要不很重視。为了滿足这个要求，必須改造我們的宪法，改造的方法应該和目前所使用的完全不同，实現立法的較大的分权。但是，因为这种分权从其他方面来看也是必要的，所以这个問題必須在專門一章內加以討論。

第六章 立法的分权主义

立法的分权主义可以从三方面辩护：第一，为了把立法委托于明了法律的实施所依据的社会状态的那些人，分权主义或者是必要的。第二，为了改变现有的利益团体为法律团体——就是所有内部关系由自己制定的法管理的社团——以抑制它們渐增的权力的意識，分权主义或者是必要的。最后，因为人民的正义意識可能有不适当的机关，因此它的作用可能蒙受损害，致使成文法逐渐失效，所以分权主义或者是必要的。

第一节 以利益团体为基础的分权主义

在文明国家内立法是分权的，这种分权是以地域为基础的。特定地域内的各种人民团体有立法机关，这些机关的权力扩張及于無数利益。在荷蘭尤其如是，那里有称为王国、省和市的各种人民团体的立法机关。法的全部产物都从这些机关——现在姑且不說堤防联合会——产生。结果：議院、省議会和市議会不得不规定許多利益，这些利益是很遙远的，它們無法評定它們的法律价值。它們只曉得社会生活的实际过程的一小部分，然而它們必须判断非它們想像所及的事情。因此，它們不得不采用抽象的观念，并記忆各种籠統詞句，如劳动、資本、敎会或者各种口号，如耶敎徒和异敎徒、耶穌和馬克思。格恩斯特(Gneist)①說："当这些名辞与时代的重要需要相适应时，它們被称为'口号'；当它們达到目的时，它們被称为單純的'成語'。反对者的批評通常預料这后一个时期。"

---

① "Der Rechtsstaat", Ed. 2, p. 241.

第一节 以利益团体为基础的分权主义

就議会说，这种脱离实际的情形是它的效力常常消失于一种完全空虚而无实質的純粹籠統知識的根本原因。大多数人的心智沒有充分發达到使他们能够依原则生活，或者明了它们的重要。所以，無关重要的差异扩大而为相反的哲学的标记。沒有淺灘的这种幻想深淵的毛病，只有同实际事件接触，才能够治疗。因此常常明白看到：那使人分离的异点事实上是怎样輕微。在我们同社会生活直接接触的时候，我们得到一种难以估计的价值的敎訓，因为在这种地方我们看到，我们的精神所渴望的眞理只包含在这个事实內：一切社会的利益只有相对的价值。这个眞理的認識产生一种眞正的公平，但这种公平不能脱离利益得到，只能由明确了解它们的眞正价值才能得到。并且这只有在社会內生活才能得到。现在各方面逐漸明白这种需要了。法律敎育已經开始供給这个要求，并避免純粹硏究法律条文了。裁判官一再經人提醒，他的会議室并不限于在法院的四壁之內，而是扩張及于法院以外；法院必須移到人生的市场。但是，虽然一切司法官必須硏究社会学、心理学和精神病学，而国会議員宣称，他本人不过是"原则的擁护者"。敎員、外交官、有产者和敎授，各有各的职务。目前代議制度的失敗是由于普通对于正义意識的要求多于它所能实行的。所以对于須由国会制定法律的那些利益的范围加以限制，是一件必要的事。

在地方議会內，它们必須实行的立法职务和它们对于社会狀态所具有的知識間的差别，是同样明显的。以專家資格在这种議会內供职的人是很少的。事实上，一个專家在这种議会內是不相宜的，因为同国会一样，它们必須替無数利益立法。结果：那些議員因他们的政見而当选。

所以，立法的分权主义必須依照我国的公共机关——就是堤防联合会——的先例。它第一个目的必須是組織利益的团体，并使这些团体成为自治的。立法机关將摆脱为那些和它们沒有本質关系的利益制定法律的义务。这些利益将委托于下述那些人管理：因同它们有社会的关系而最宜于决定它们的法律价值的人。

这个观念的实际应用，在承认必须把地方团体结合成供特殊目的使用的联合会的地方看到。新的自治团体用这个方法组织起来，管理特殊的公共利益。同样的观念也在下述建议内看到：以堤防联合会为范例，组织竞技、建筑、道路、捕鱼等特种联合会，以及其他相似的联合会的建议。同样的观念也在下述努力内看到：由组织各种保护和增进商业、工业、农业利益的自治团体，以产生一种受公法管理的职业联合会。这个观念已在工资委员会的设置内实现了，在这个工资委员会内，最有关系的当事人参加立法工作，即决定工资。这种办法曾在澳大利亚实行，最近英国也采用了澳大利亚的先例。但是，当荷兰胆怯地实行这种办法——就是计划设立有发布命令权的面包业委员会和工人顾问会——的时候，这个建议遭到了反对，说它把立法委托于有关系的人。显然，这种广泛使用的论点是攻击整个代议制度的。因为永远避免由利害关系人治理，是不可能的。一切立法和颁布命令的机关必然是由有关系的人组织而成的。能够做到的事情是：防止正义意识被利益打乱。我们把立法委托于生存在社会冲突内的和需要妥协的人，要比从中立的高处把法交下来，可以得到更确切的保证来避免这种混乱。

第二节　改变利益团体为法律团体

因为组织权和联合权已被普遍承认，因此有关系人的联合会——尤其在经济界内——产生了。这种联合会的组织事实上是斗争的同盟。这种联合会——尤其所谓"辛迪加"——的目的在产生一种社会力量，他们想用这种力量充分改进成员的法律关系。因

第二节 改变利益团体为法律团体

此引起的种种爭論，常常攪乱社会的和平，有时危害重要的公共利益。在允許組織权利的时候是不曾預想到这一点的。允許由斗爭确定法律关系的学說，事实上保持一种斗爭狀態，因此终于允許由强力决定法律，这是人所不知道的。现在，下述见解逐漸得力了：社会生活不应該由联合会所能有效地行使的那种力节制，無論它們在一方面是劳工联合会或官吏的"辛迪加"或者在另一方面是雇主联合会或行政委员会。但是，倘使假定这些組織的权力能够完全由立法部的意思加以抑制，实在是一个严重的錯誤。这种有害的权力意識只有用內部的变化，就是用正义观念灌入利害关系人的意識內，才能根本剷除。但是，只有請求利害关系人自己参与制定他們所要遵守的法，而幷不从上面得到他們的法，才能够达到这个目的。事实上，結社权的認可，在組織过程的半途中停止了，因为它幷不把这些組合改变为法律团体——换句話說，把斗爭的社会势力联合起来，以制定法律幷管理分离它們的种种利益的联合会。这种联合会的缺乏給权力意識以很大刺激，幷且給与正义意識以重大損害。在斗爭过程中产生的法律关系只是在任何时候可以再引起斗爭狀态的休战罷了。最后，到了一个像英国矿工罢工的时期，斗爭扩張得很广，以致危害种种重大的利益，甚至国家的利益，因此自己具有立法机关的联合会是一件必不可少的东西，显然可见了。数年前在英国，这个观念的一部分已由設置工資委员会实现了。

照这样看来，立法的分权主义可以說是一种抑制法从武力产生的逐渐强大的观念的方法，幷且也是一种保持法的倫理性質的方法。

第三节 立法机关的缺乏

依照近代国家观念，政治学和实际政治二者都应该特别注意立法的组织。宪法教科书的详细讨论皇权——好似国家的中心存在于这个制度一样——同它們的忽视立法，恰成对比。然而，在特种国家的界內和界外，立法部显然逐渐成为真正的统治者了。不过，这个统治者的朝廷大部分还有待于建筑。

在荷蘭，我們有三个执行法律的部門，就是：中央政府、省政府和地方政府。但是现在证明这个数目同必须履行的职务日益不相称。这在每年事务愈見停滞的国会尤其真确。因为社会迫切需要法律的繼續修正，因此不得不依賴無組織的正义意識的活动。这使它多少渡过紧急的事变，但是它常常是一种不完全的立法。非成文法至多是成文法不充分的补充罢了。结果：社会生活的大部分不受法律支配。各种联合会天天不依照法律进行组织和解散。因此，关系不但变成不确定，幷且制定了許多关系，这种关系，在确定相当立法时，将一定不認为是合法的，然而它們目前在不受节制的势力的影响下保持着。

这种立法的停滯，只有在相信我們的政治組織必須由增加新的立法机关来改进的时候，才能够补足。这些新机关的接触点是前两节內叙述的利益团体。法的統治范围天天擴張。許多利益繼續在社会管理之下，或者需要这种管理，旧式的立法机关没有滿足这种需要的能力。立法部的無能不是任何政治制度——至少所謂議会政治——的过失。我們的議会尽它們的能力所及。議員們在議会內服务必須尽心竭力，幷且在許多情况下事实上的确如是。各部部长从事研究需要一种鉄的头脑和一个职业运动家的健康的問題。但是，虽有这种劳力，而立法仍旧停滞。

第三节　立法机关的缺乏

但是，"它动了！"社会并不是静止的。的确，它已經变动了好多世紀，并且还能够有若干年同样的变动。在社会生活內，行为并不等待法律。各种本能、各种利益和各种高級或低級的感情，使輪机轉动。但是，在我們看来，轉动不如轉动的方向重要。法律决定方向。在法律停滯的時候，整个社会及其各部分紊乱了。然而，在自然力和自然法的势力之下，因为沒有指导，只偶然产生結果。因此，問題是：是否我們敢繼續处于这种狀態下；是否切勿更适当地指示社会生活，以达到有价值的目的；是否切勿雇用更多的公民，去發展和革新法律？但是，倘使这个要实現，那么执行这种职务的机关切不可缺少。現在，这种机关逐漸缺乏和大大的缺乏，結果，法律的精神力不能得到它的全部效果。从前，有一个中央議会、一个省議会和一个地方議会，供給激起当時生存的人的正义意識的那些利益以法律保护，已經满足了。这些利益主要是以和平、秩序、安宁等公共利益的維持为限。但是，在前世紀七十年代和八十年代之后，正义意識对于許多冲突的利益——包括直接关系公民个人生活的利益——發生作用。然而，这不过使逐漸增多的公民参加立法罢了——但是常常利用已經存在的立法机关。这个組織不能够产生社会所需要的立法——由逐漸不满現存法律制度这一点証明——所以現在有力地要求扩張这个組織。这个目的，只有抛弃旧時中央集权的立法計划和采用新的立法机关才能达到。在設立这些新的机关，由利害关系人的代表解决特种利害冲突的时候，参与立法的权利將成为一种宝貴的特权。目前，选举者对于利益的法律价值發表意見的权利，只有名义上的价值。在实行所提議的改变以后，社会內活的正义意識將充分發生作用了。

第七章　法律的来源

　　在說明法律来源的时候，必須对法律效力的来源和法律內容的来源加以区别。通常"法律来源"这句話是指法律的內容，在这种意义之下，成文法、命令、習慣、条約、法律学的理论和实际等等，都被称为法律的来源。历史学派的任务就屬于这个范疇。这个学派研究的問題主要是如何發見法律內容，它和自然法学派相反，認为法律內容的来源不止一种。倘使我們从这个观点观察法律来源，我們必須扩大目前非成文法（或者更普遍地非主要的法律）在各个范圍內重新發現的来源的名單；我們还必須研究各个来源的相对价值。的确，法学已經注意这个問題了。但是，目前，这种科学遇到另外一个更困难的問題，因为它从事于研究法律的"效力。"因此，它提出这个問題：一切法的拘束力的共同基础是什么——無論它的內容是怎样？当新的法学由指出在人类內部活动的正义意識的精神力解答这个問題，幷从这种精神力得到一切法的拘束力的时候，我們很可以預料它只指出一种新的研究范围。因此，这种法学必須特别从事于正义意識的分析，这是我国克蘭恩堡曾經尝試的一种工作。在这方面，至少有一件事已經做到，就是：已經發現法的效力从"唯一的"来源产生，幷且这种来源切不可再从各种抽象概念，像国家、主权者、人民、立法部、国会或任何其他假定的权力內寻找。它必須在永不停止活动、永不中止工作、或者永不丧失义务性的一种最实际的力量內寻找。这就廢弃了从自然的意志或者假定的意志（像在社团等场合）得到法律及其拘束力的主張，因为产生規則的法律性質和拘束力的那种权力存在于意志之外，幷要求支配它。虽然意志沒有規范性，但是正义意識或正义感

第七章 法律的来源

是有规范性的。因为这个事实被许多学者所误解，规范的意志的搜寻继续不已——尤其在成文法的场合——因此新的法学仍旧不为他们所了解。萨维尼(Savigny)的名誉的辩护者曼尼克(Manigk)① 就是这个样子。他仍然相信法律拘束力的基础必须在一种假定内寻找，而不在一种逐渐有效地表现的事实内寻找。这种事实的认识在目前构成法学的最重要问题。萨维尼及其学派对于这个特殊问题没有什么贡献。的确，在萨维尼和普樞塔(Puchta)的著作内有与法律效力有关的辞句，像"国民精神"和"国民信仰"。但是，这些辞句不过用来着重法的自然的发展，以对抗自然法学派的唯知论罢了。这时候，萨维尼在法律方面所占的地位和反革命派〔柏尔克(Burke)，甘资(von Gentz)〕在政治学方面所占的地位相同。后者是政治学上唯理论的反对派，坚持传统和历史是组织国家的适当南针。萨维尼在自己的学说内表示一种在十九世纪初到处发生的反动，就是：反对启蒙时代的唯理论，并反对这种唯理论的施用，尤其在法国革命内。这是要明了历史法学派所不可少的一种见解。然而我们并不把它看做现在所谓的自由法学派的先锋。像曼尼克所想指出的一样，在萨维尼的著作内发现种种辞句，以及从赞同自由法学派的著作内选择语句，是可能的；但是关于这一类的详细情形使萨维尼脱离了当时的背境，而并没有给近代法学派以实际的援助。

目前法学遇到的问题不再是自然法学说的驳斥了。历史法学派对于这个问题提出了自己的看法，它的结论是："在历史上发展的实体法具有证明它本身是正当的证据"。② 目前的问题是推翻另外一种理想的虚构，就是：承认法律效力得自主权者、立法者或

---

① "Savigny und der Modernismus im Recht", 1914.
② Karl Wieland: "Die historische und die kritische Methode in der Rechtswissenschaft", 1910.

者無論何種國家意志的主體，而滿意于以抽象觀念和假定為法律效力的基础的見解。我們必須堅決主張"法的"性質和規則的"拘束力"是從同一个权力得到的，就是，在我們的正义意識对于人类行为發生作用时自动表示的那种非人的权力。在一經重視这点以后，我們就走上了这样一条路，使我們不得不抛弃法律来源數目有限的觀念，以及只有成文法是至高無上的學說。所得的结果是"自由立法"。

只有在一个意义上我們或者可以說薩維尼及其弟子是自由法學派的先鋒。对于理性是法律內容的唯一来源这个觀念提出的反对，使不得不有許多法的来源。但是，我們將徒然從薩維尼寻求这种多數——或者我們現在应該說，無數——是從法律权力的基础产生的建議，因為薩維尼幷不承認实体法的效力是一个問題。法律效力只是在最近才成为一个問題。它的解答势必連帶修正法律內容的来源的名單，但是，我們在这里重在研究法律的效力。关于这一点，我們曾經指出過，只有一种决定的因素，即正义感或正义意識。

第八章　法律的进化

　　权力的基础存在于正义意識这个见解的接受，对于法的進化有重大关系，这种法的进化只有拿这个见解同多年来阻碍法的發展，甚至现在还多少繼續阻碍法的發展的其他两种见解相比较，才能明了。这两个见解中之一由以"历史的过程"为基础的高度价值表明；另外一个着重"智力"在法律进化內所处的地位。前者把法律进化看做主要是一种在意識外前进的"自然的"过程；后者把立法看做主要是一种"智力的"作用。

　　正义意識学說是同这两个见解相反的，因为它企圖解說，法的进化主要是从人类的感情生活發生的。一种經不住现存的正义意識考驗的历史的或者理智的产物，已經丧失它的效力了。因此，支配法的进化的是一种"倫理的"要素。

　　为了說明这一点，我們必須更严密地檢討"历史的过程"的意义，以及單純的智力在法的进化內所担任的角色。

第一节　历史的过程

　　"历史的过程"这句話具有下述意义：凡依这种方法产生的事物具有它自身的价值，因此具有在未来生存的权。当一种特殊事件被称为"历史的"事件时，虽然这种事件是一种單純的事实，但是这是一种价值的判断。那些相信能够在事实內看到上帝意志启示的人，公开主張"历史的"事件的价值。历史的过程依这种方法得到神聖的外观。所以，我們看到，在以启示为出發点，并相信不但能够在上帝"字句"內并且在"历史"內發现启示的那些学派中，

115

常常引用历史的过程。依照基督教的政治家格罗恩·普林斯泰勒(Groven van Prinsterer)的意见，我們不但必須考虑"如此記述，"幷且还必須考虑"如此發生"。

例如：我国薩华宁·陆孟依照这种方法辩証我国的君主政体。① 奥蘭奇族(House of Orange)的主权是事实的结果，幷且因为这种种事实，它显然由上帝授与王位。

把事实看做神的啓示这种傾向到何种程度为止，可以充分在桂柏(Kuyper)博士所著的我們的綱領(Our Program)中看到。从这本書內我們曉得："全能的上帝有时利用实行暴力征服以后的时效，有时用合同和契約，赐与政权。有时还由人民所同意的。或者他們的領袖的庄严会議所决定的正式委任，赐与这种政权。最后，就王位的占有者說，这常常是由繼承赐与的。这些方法中沒有一种是在神的命令之外的。"显然，从这个观点来看，地震和洪水同样可以列入名單。

但是，常常有人根据黑格尔(Hegel)法学派的原則——"实在的是合理的"——辩护現狀，說它是在历史上發展的，而不明显地把历史的过程看做上帝的一种啓示。我們可以指出，在最近时期內，这个原則已不止引用一次了。因此，修正宪法需要絕对多数已由下述論点証明了："在这种地方，历史是左祖少数的。"前任大臣罗霭夫(Loeff)曾表示：相信他能够用这种方法替人类的計画得到一种特殊的認可。我們也在史特罗根敎授的思想內看到同样的系統，因为他說：在历史上發展的东西对于我們有一种高度的法律价値。

我从1910年宪法修正委員会的报告中借用最后一个例証。在这里常常以为事实决定标准。关于私人的敎育(换句話說，非委托于一个公共团体的敎育)有如下的記述："应該承認私人的敎育具

---

① "Onze Constitutie", Ed. 2, 1907.

有它在'事实'的基础上应有的地位。"为了說明敎会和国家間財政关系必須繼續,有人告訴我們从前国家所負的义务,就是:在"种种事实"之前發生的一种"义务"。

求援于历史的过程的那种思想,是从攻击唯理論——尤其在法国革命时期表现的唯理論——發生的。这种攻击在發出同一音調的柏尔克、甘贊和馬斯特(de Maistre)的著作內看到。他們主張一种同唯理論相反的不經思考的进步,就是一种同意識的結果相反的本能的进步。他們注重傳統,幷且根据这个基础擁护正統主义。我們已在前一章說过,同样的观念在薩維尼和他的学派中可以看到,因为他們用立法手續,把自觉的立法降至第二位,把不經思考而發展的習慣法列为第一位。史塔尔(Stahl)曾明确指出这种历史的过程的意义。① 他說正統派以历史的正义为基础。但是,历史的正义是什么呢?它幷不是像法国革命所用的一种自然法或者理性法,这种法只是人类对于正义所抱的一束意見。它也不是实体法或者成文法,換句話說,国家的权力所頒布的东西,虽然这种东西有形式上的效力。后者在許多方面应該变更,因为它曾經从自主的国民的任意的行为产生,而不顧及从过去遺傳給我們的那种实体法。反之,正統派把法解作傳統的法律制度,卽自然地發生和在历史上發展的法。这种从習慣和各种成文法产生的法,不以人类的思想为根据,一般是未經人們制定,而是一种自然和历史的产物。反对革命的就是这种法;它幷不以任意的人类选擇为基础,而以重視現有的、發展的、傳統的事物的那种人类意向为基础。因此,它成为一种給予人类而非人类所創造的东西。史塔尔毫不犹豫地下了这个結論:从前的法賜予各个人和各阶级的各种权利和特权必須認为不能爭論的已定的权利。

因为,像史塔尔及其从者所主張,这个观念是从上帝的命令

① Die gegenwärtigen Parteien in Staat und Kirche, Lect. 23.

在历史内启示这种思想发生的,所以它和科学的见解相反,要求它不复能够得到的多少信仰。但是因为事实上并不如是,而且启示的见解未经采用,所以历史的过程不过是一种反对唯理论的定式罢了。为了避免唯理论的及其基本原则的结果,有人求助于产生现在的或从前的大部分政治制度和法律制度的"非自觉的"生活力。指出这些力量,显然是历史法学派在政治学和法律范围内应尽的重大任务。因此它协力完成这个见解:没有立法的命令能够解散社会生活的巩固的结合。的确,它使我们明了这个事实,就是:不根本明了这些结合和不洞察种种实际关系,任何机关的命令,无论如何严肃,倘使不考虑法以外的各种社会力量,只是软弱无用的命令罢了。但是,考虑这些力量是一件事,而把它们的作用看做有特殊精神价值的一种过程又是一件事。倘使我们把唯一的和独立的价值归诸历史的过程,而排斥人类的故意的干涉,那么我们不得不放任各种社会的力量并承认它们的活动是不可避免的。放弃应加保护的人类责任的就是这种意向。

　　上面讨论的学说的本质存在于它没有估计人类的"精神的自由"的价值。它把精神限于一种已往的事物,这种已往的事物大部分不是精神力的产物,而是从外部加诸我们的。在另一方面,唯理论的发生和成功,确从取得这种精神的自由的重大努力得到的。它反抗压迫的历史,不顾国家和法律的历史的发展,而承认想从精神的自由产生一种秩序的那些价值的来源。唯理论用一种很片面的方法——虽然我们将在后文看到,用一种在它隆盛时看来是完全可以了解的方法——假定它能够在智力内找出这些价值的主要来源。它过分重视这部分智力对于法律进化所能有的贡献。但是这并不减少唯理论的普遍意义和唯理论所产生的自然法学派的普遍意义。因为后者展开了一个新的时代,在这个时代内人类的智力打破了压抑和完全误解精神自由的那种思想体系的羁绊。

第一节 历史的过程

这种情形已不止發生一次了，因为历史告訴我們，在各种范圍内有發生这种革新的許多时代。我們可以叙述这些时代中的几个，来說明我們的批評。

第一并且或者是其中最重要的时代，我們在苏格拉底（Socrates）时代的希腊看到，在那个时代里，世界在人类的心灵上成为它本身的精神生活的一种反映。因此，苏格拉底在"認識你自己"这个公式内發現了了解宇宙的关键。世界进化史是以我們經历的和感受的东西测量的。

基督教的發生引导我們到許多世纪以后的另一个时代。人类又因使个人的生活同上帝（Absolute）發生直接关系而丧失了历史的一部分。精神生活扩大了，因为抛弃了过去和现在，它轉移到永远了。人类致力于准备这个永远的生活，就是另一个世界。他为了达到这个目的，設立了一个新的社会——教会。

我們所举的第三个时代，是从古代希腊思想同教会的超感覺的真理相冲突發生的。文艺复兴满足了知識的需要；宗教改革满足了精神的需要。在二者人們又卸去了从外界加諸他們的历史的負担。文艺复兴使人摆脱了从上帝的命令推斷一切事件的那种思想体系，并使个人明了他本人的精神生活的价值。宗教改革在宗教范圍内实行同样的观念，并且不复承認教会是人和上帝間的中間人了。

最后，第四个时代是法国革命时代。它攻击一切社会的和政治的关系，因为这种关系是在历史上产生的，并且使国民依照他們自定的目的，从事于处理这种种关系。

在每个时代内都完成了一种精神的解放，它的原动力是从人的內部生活产生出来的。这是脫离外力所加的某种东西——就是脫离繼承的但是在精神上衰微的过去——的一种解放。为了完成这种解放和認識新的价值，我們的意識内必須保留余地。我們的生活列車所負的思想、感情和本能的重載,是進步到一種較高的文明階段的有力障碍。但是,正和个人生活有精神解放的时期一样,人类在努力趋向較高生活的时候也有改革的时代,在这种时代内他努力使精神擺脱历史的束縛,抛弃純粹历史的負担。我們現在或者正再度踏上这种时代的門檻。無論如何,求助于純粹历史的过程会陷于誤解我們的精神力,而其目的是希望保持一种已經喪失精神的意識的生活方法,这是确切無誤的。可以用来实行一种决定的唯一的試金石,是现代人的意識。因此,在法律范圍內,历史的过程,只有在它的規則經現在占优势的正义意識确証为法規的时候,才能保持它的现在效力。

第二節 唯智論

我們現在必須注意上述兩种見解中的第二种,並观察"智力"在法律进化內所有的重要性。

我們在前面已經說过,唯理論是以思想的理論的和实际的解放为目的的一种学說。但是,当它以智力为法律进化的基础的时候,它就大大地超越了它的目的了。

为了說明这一点,我們將开始叙述普通用来反对法国革命的那一种非难,就是:它不但是非历史的——凡与人类思想以一种新方向的革命都可以这样說——並且事实上为唯理論的精神所陶醉。这种非难是不应反对的。在改組政府和确立將由国家制定的法律的时候,唯理論差不多是唯一采用的方法。英国事实上是关于平民政府的組織和运用的材料的唯一来源,但是因为事件的急进,法国革命領袖們几乎沒有时間和机会从孟德斯鳩給本国人有关英国宪法的知識中吸收敎益。在孟德斯鳩的敎訓中,只有他在英国宪法內特别重視的分权是适用的。因为当时的思想不受盧梭的影响,

第二节 唯智論

一切事情必須建筑在從人性演繹出來的一般观念的基础上。一个国民委员会委员的率直談話，表明法国采用一种新宪法时的精神。他号召用"我們在組織社会时应遵守的程序，"敎导立法委員同僚們，"在討論这些重要問題的时候，我在事物的自然秩序內而不在其他地方寻求眞理。我曾希望——倘使我可以这样自白——保持我思想的純潔。"以一种理想化的自然狀态为基础的理性和理解力，是在宪法誕生时咨詢的唯一知識来源。

由于法国革命的發生，理性和理解力在事件的过程中开始占过分重要的地位。在十八世紀的唯理論者看来不过是一种夢想的那种事物的实现，从那时起把智力的价值充滿人类的心灵达到这种程度：直到最近止，把它看做一切眞理的唯一試金石。因此，孔德(Comte)① 在著述其名著社会动力 ("Dynamique Sociale")时，認为社会有賴于智力的發达，因此得出这个結論："根本决定社会現象的主要过程的是'智力'的进化"，从此以后，科学居最高地位。依照奎脫莱(Quételet)② 的意思，科学是眞正进化的唯一的精神所有物；依照柏克尔(Buckle)③ 的意思，科学是进化的唯一要素，因为人类的道德的天賦才能仍旧沒有进退。

因此，科学影响社会生活的程度已經得到很高的估計了。許多人援引富蘭克林(Franklin)發明避雷針，援引瓦特(Watts)發明蒸汽机，援引亞当·史密斯(Adam Smith)發明自由貿易学說，援引盧梭对于实际政治的影响，援引人类理性不能証明上帝存在的康德学說。魯利亞 (Loria)④說，这种种都用来拥护下述見解，

---

① "Cours de Philosophie Positive", Lecture 51; cf. Lecture 46.
② "Physique sociale" 1867. Vol. II, p. 396.
③ "History of Civilization in England". Vol. 1, Ch. IV. 1872, pp. 180 ff.
④ "La Sociologia", 1900.

就是:"智力"在人类进化过程中占第一位。直到十九世纪,这种智力的启發在实际政治內占重要地位。在1867年,本国一个公立委員会在公报內公布了四年內調查各工厂童工狀況的結論如下:"我們不能建議确定工厂童工的最低年龄,也不能建議規定工作时间。我們希望得到良好结果的'唯一'方法是:强迫父母从子女的一定年龄开始的若干年內,送子女进'学校'"。

这种唯智論的趋势对于法学和政治学,以及对于这两种科学的实践有重大的影响。因此,發生了支配政治、立法、司法、和不幸支配科学本身的一种無穷尽的敎条主义、概念和論理方法的泉流;事实上,这等于智力的独裁。因为在敎条和主义支配我們思想的地方,它們設立一种可怕的障碍物,阻止事实印入我們的心灵。現实必須在主义不能再支配我們的心灵之前侵入。一切科学从前有、现在仍旧有这种經驗。但是,尤其是各种精神学和道德学——特別是神学——用它們的敎条拘束心灵,因为这些科学含有一种情緒的原素,使它对于拋弃預想的观念感觉痛苦。

例如:"三位一体"論(Doctrine of the "trias politica"),多尔倍克(Thorbecke)曾經說过的"扶助一切事物"的宪法的"概念"、君主立宪政体的"性質"、"基本权"的概念、"代表"的观念,敎会和国家分离的"原則"、"自由"的概念和主权学說等,在政治学內所起的作用何等重大。

列举純粹因为这些假定被認为是科学的事实而延期产生或者取消的那种实际政策,是不胜其烦的。我們只說,这些公式确切表現历史的一种狀态,而不包含目前的一种刺激的观念,已經够了。但是,它們一代一代傳下来,并把一种陈腐的科学外衣包蔽在目前的現实上,使它不易为人所理解。

这种情形在法律范圍內并無不同,而是更坏。在这个范圍內,思想上加上了一种更紧的束縛。多世纪的劳力曾致力于使这种束縛牢固,现在几乎不能把它解除了。倘使一个人不曉得依照法学者在多世纪内构成并且还常常在法律内规定的那种邏輯假定去观察社会生活,他就無法成为一个裁判官。在这里必須列举这些概念嗎?必須回想人所共知的"法人,"可怕的"所有"学說,損害行为的解釋嗎?一切都包括在概念和制度内,并且这些东西——和它們推論所得的一切——支配法的关系。这一切大都只能具有下述组织的意义:现在只同我們的社会生活有一点点相应合的组织,因为在组织形成的时候社会生活随之变更了。

在我們討論了这种情势以后,我們第一次明了现实影响人类的心灵是如何地困难,因为我們大概只从旣定的概念和历史的定理才能看到现实。在我們能够看到现实之前,在我們的独断的叢林内必須留有許多隙地。同现实直接接触,已經因为有这些概念、原則、制度和假定,而不可能了。倘使我們继續不放弃我們賴以集合我們的知觉的那面独断的鏡子,我們的心灵将为前代历史的解释所拘束。我們必須加入一个新的学派——一个使我們能够用自己的意識而不用充滿历史敎条的心灵去观察和理解事物的学派。我們的內部生活已經分裂为固定的样本了,因此它的自發性已經喪失了。但是不会有很大的变更,并且已經能够辨別新的响导。

第三节　感情生活

当人們企圖应用特別在十八世紀构成的唯智論的观念和概念的时候,唯理論的片面性立刻暴露出来,并且一种反抗它的支配的反动开始了。但是,这种反动超过它的目的了。它不但相信:唯理論的最初結果的試驗說明这种人生观必須完全排斥,而且它托庇于一种完全相反的人生观,这种人生观把一切进步归功于無意識的力量。它甚至大胆地把事实解釋作一种固有意志的表証,这种意志的方向沒有人能够加以决定，因此任何人可以說它含有他所欢喜的任何內容。這种事实的專霸被利用來尊崇現有的制度。因此，倘使有人願意正当地判断唯理論的时候，他需要一种同純粹历史的过程所貢獻的基础完全不同的基础。在本章的开端，我们已把这个問題說得很清楚，那时我們說：我們正在改变領袖，幷且生活的指导正从智力移到"感情"。这是說，智力在法律进化內也不得不丧失它的优越地位。我們將結束唯理論居領导地位的一个历史时代，这种唯理論只在智力內寻求现实的知識來源，主張敎条和主義是同现实对立的，幷且把后者限于只有邏輯可以决定的一种严正的思想范圍內。我們正在拋弃法律范圍內包含在声名狼藉的語句"概念法学"內的一切。取而代之，我們將承認感情生活的概念是我們的义务知識的新來源。我們完全明了这种陈述可能引起的誤会。假使有人匆匆下出結論，那么他除了反复主張理智和感情对立外，將找不到适当的材料。聖賢永远不停止告訴我們，假使一个人在感情的誘惑中指导他的行为，他应该如何謹慎和怀疑。尤其在一个人研究群众心理学的时候，他遇到一种毫無节制的感情生活，使这种行为的來源附有极大的危險。但是这不过証明：同必須防止智力降为辯証法一样，感情的支配也必須加以限制——倘使它不陷于一种为一时冲动所控制的混乱的生活。

但是，我們不能够因此放弃这个假定：感情生活的作用是进步的最有力的因素，幷且我們的时代將逐漸明了这个事实。理解力表明它本身是在無数具体事物中說明事件和指导我們的一种方法，这是一个大家知道的事实。在另一方面，执行或不执行的义务不从智力而从感情产生。的确，规范的整个范圍以我們的人格的这一部分为它的基础，因此从这个地方产生一种成为生活指南的价值意識。在另一方面，这种价值意識对于因果关系不能够对我們有所指示。关于这种事件，完全依賴智力决定，虽然常常發生这种决定是不清楚的。

但是，在这里进一步研究这种机能的差别是不必要的。从上世纪八十年代以来，实际生活已使人明了：到那个时候为止，受压迫的感情生活，正在自动迈进并要求领导权，因此它不但终止了唯理论时代，而且还破坏了纯粹历史的束缚。因为被埋藏在历史和传统所残存在我们心灵的沉淀物之下，被彻底唯理论化的制度和学说的累积所压抑，所以感情生活不容易表现出来。人们仍旧依赖减弱责任意识和增加规范价值的需要的种种事实和教条。这种反省现在发生了。它逐渐深入公共的和私人的生活。它已经实行我们目前在法律和政治学范围内看到的纯化手续了。

人们能够晓得主权者仍旧完全漠视的和理解力表示不能发现的那种新的政府活动范围，不是由于这种反省吗？尤其，一切"社会立法"的起源不应该求诸感情生活，这种立法的通过没有表示抛弃前世代的唯智论信条的大部分吗？自由法学派的兴起是同样的，这个学派企图由反对发展法律的纯粹理智的方法，来满足我们内心对正义所生的活的冲动。比较自由的精神生活，不顾历史的事实如何，不是迅速地提高了妇女社会地位吗？我们也不应该忘掉个人权力支配国家已经开始由法治取而代之，因此确立了一种内在的权力。在各方面，反抗纯粹历史和理智的斗争，已经从这个中心传布开来了。"刑罚"的概念落伍了，因为，虽然旧的名称继续保持，但是儿童特种刑事裁判、犯人改造计划和保护精神病者的立法，已经在排斥一切独断的和理智的考虑的那种正义感情的冲动之下制定，或者已近乎这样了。我们还要注意，主权者对贫穷所负的责任，在今日看来，与从前何等不同。一个内阁阁员公然说——像本国一个大臣在 1870 年所说——国家干涉"只在'防止死亡'的最紧急的情形之下"，才算正当，当时没有引起反对，但在目前是不可能了。或者引用更在以前的一个大臣所说的更有力的话："劳民永远不应该从一个贫民救济委员会接受救济，但是'在他们忍受许多痛苦并且只在最危急的情形下'，他们可以从警察局得到必需品"。这种话现在已不能再说——事实上说的很少——是新近觉醒的感情生活的结果，这种感情生活的反应与智力所能实行的比较大不相同，并且有力得多。妇女选举权已成为一时风尚，这不仅是这种智力的考虑结果。妇女对于公务问题的影响，到处被认为是纯粹智慧的男性心灵的一种必要的补充。甚至在司法行政和我们的最高法院内，判决都以感情生活为基础，而"正义感情"被认为是规则的一种来源。

从这些事实看来，法律的一种新基础已变成现代文明的一种要素，是显而易见的了。服从的义务的来源是在本身成为正义感或正义意识的一种根本的自觉内寻找，正像在受唯理论支配的一个过去的时代内一样，法律是由一种纯粹理智的手续产生的。这种法律新基础是因为需要一种以规范的价值为基础的生活而产生的。许多社会科学，像心理学、伦理学、法学、宗教和玄学，正在获得一种新的力量，方法是在各自的范围内努力于在感情生活的动力和内容找寻满足这种需要的方法，并说明这种需要所希望的规范。因此，人们终于敢承认，感情生活产生一种有价值的行为的动机，这种行为是理解力所不能感动我们去做的。在从前盛行唯理论的一个时代内，这种见解将为人所厌恶。服从事实——这是诉诸纯粹历史的过程所无可避免地产生的——同样终止了。价值的标准从而我们行为的来源，存在于我们本身而不存在于事物或事物历史的发展这个见解，逐渐广布了。法学因此开始注意多年忽视的一个研究范围。在目前，它的直接任务是通过确立正义感的内容和活动方式来促进法律的进化。为了达到这个目的，必须同实际生活及其历史保持密切联系。为了完成这个任务，应当对于以法律为国家基础和承认法的权力为绝对主权者的近代国家观念，给予一种较高的势力。因此，国家的统治权得到一种比最完全的力量所能产生的更真实和更持久的基础。

第九章　国家

第一节　旧国家学說

　　<u>杰烈涅克</u>①說得很对，"国家"这个名詞在科学上是很有用的，因为它并不包含什么，因此在施用于特殊現象时，当作一种避免意义含混的东西。但是它施用于何种特殊現象呢？在这种地方，我們也不得不对各种名詞表示满意。<u>荷蘭</u>，<u>英格蘭</u>，<u>比利时</u>，<u>普魯士</u>和<u>法蘭西</u>都称为国家。倘使我們研究这个名称的科学意义和实际意义，我們可以說；普遍地說来，它是一种占有一定領土的一部分人类的組織。上述各国組織的詳情和特点是彼此不同的。

　　但是这里所說的組織是什么意思呢？依照傳統的政治学說，使人类的一部分归属于一个国家的那种組織的特性，存在于命令者和服从者間的关系中。在人类的这一部分中，發現几个發布命令的人；反之，其他一切人处于服从的地位。命令的人是統治者；他們全体構成主权者。服从的人是臣民，全体称为人民。"命令的人和服从他們的命令的人構成国家的实体。"②但是，政治学說，或者至少<u>德</u>国的政治学說，不以这个事实为满足，而开始研究命令的"权利"和服从的"义务。"这种相互的权利和义务是从一个社会及其成員間的自然关系演繹出来的。关于国家，我們必須研究这种关系。因为有些人被看做社会的机关，所以他們自然有社会的优越价值。因此，他們具有一种"自然的"命令的权利，而社会成員則負一种"自然的"服从义务。

---

　　① "Allgemeine Staatslehre," Ed. 2, p. 129.
　　② Ibid, p. 169.

狄骥的政治学说，在说明国家特有的组织时，也从有统治者和被统治者这个事实出发。但是在他看来，这个事实已经足够了；没有命令的权利。"事实是这样：政权是一个本身没有合法性或者不合法性的事实。"① 没有人有命令别人的权利；皇帝、君主、国会或者人民的多数，都不能强迫别人服从他的意志。"② 这种事实如何发生，是一个历史问题。大概，"统治者"和"被统治者"间的区别是下述事实的结果：在一切社会集团内强者统治，也就是"强者把他们的意志加诸弱者之身。"但是这种力量包含在什么东西里面呢？狄骥说："这种较大的力量用多种形式表现出来：有时它是一种纯粹物质的力，有时是一种道德的和宗教的力，有时是一种智力，有时（常常）是一种经济力……因此，在一切国家内和一切时代内，在物质上、宗教上、经济上、道德上、智力上或者数量上比较强有力的人，都企图把他们的意志加诸他人之身，事实上是这样做了。"③ 但是，甚而对狄骥来说，这个事实也并不是在说明国家特有组织时所要说的最后一句话。因为统治者是服从法律命令的。"公权"不但有实施法律的任务，并且是受法律强迫这样做的。"国家是建筑在力的基础上的，但是这种力，在依法执行的时候，是合法的。"④ 这种法律的执行——法律本身对这种执行负一种义务——在立法、司法和行政职务三方面表现出来。所以，产生行为标准的实际权力是法律，不过，同德国学派的情况一样，这种法是自然法；它是近代化的葛罗休斯的自然法。这个学说是从人必须在一个社会内生活这个事实产生的。倘使一个社会没有团结或者没有"社会的互相依赖，"那就不可思议了。葛罗休斯称它为"社会的力"。这种团结，"凭借它的特殊性质"，规定人类的行为规则，就是说，不做有害于团结

---

① "Traité de droit constitutionnel", 1911, Vol. 1, p. 37.
② Ibid., pp. 41, 88.
③ Ibid., pp. 37 f.
④ Ibid., pp. 41, 88.

的事,而做可以加强和發揚团结的一切。"全部客观法归纳于这个公式,实体法,如果要求有效,应该是这个原则的表现、發展或应用。"① 因此,每个人——甚至包括統治者在內——所服从的法具有独立的基础。狄驥把这种自然法的拘束力看得很高,以为实体法只在成为客观法的表现时才有效力。因为,像著者所說:"法并不从統治者的意志,而从它同社会的团结相一致,得到它的拘束力。"② 因此,我們可以料想德国学派所曾企圖証明而没有效果的事情,就是:国家受实体法的拘束。按照德国的政治学說,实体法从国家的权力得到拘束力,因此在原則上永远不能支配国家本身。在狄驥看来,实体法是有拘束力的,因为它表现普通的法,后者是不依賴国家而有效力的;那就是說:国家这个名辞并不指示"所謂集合的和至尊的人——这是一种假定——而是实际上掌握权力的眞正的人。"③

上述称为"国家"的一类組織的概念是关于国家的两种最重要的見解。我們省略了把主权者的权力看做一种神权,和因此拥护上帝的法所賦与主权的自然权利的那种政治学說。我們已在其他地方討論过这个学說。④ 因为这个学說是一个信仰条款而不是一种现实的表示,所以它不能够承受科学的研究。关于其他各种学說,像平民主权学說,或者最近重新称为"国民主权"学說⑤——同"社会意志"或"一般意志"一样离开现实很远——也不必加以申述。这些概念并不說明事实,但是企圖使它們同一种预想的、抽象的学說相适合。

① "Traité de droit Constitutionnel", p. 17.
② Ibid., p. 53.
③ Ibid., p. 49.
④ "Die Lehre der Rechtssouveränität", 1906.
⑤ Esmein: "Éléments de droit constitutionnel", Barthélemy ed., 1914, pp. 280 ff.

第二节　批評

从以上各章关于权力基础所説的話看来，关于討論中的兩种国家观念，除了說明它們同事实冲突以外，就不必再討論它們的缺陷了。这兩种观念都主張一种由統治者和被統治者关系表明的制度，实际上是存在的，但是二者都忽略了一个主要点，就是：按照目前各文明国家所承認的見解，統治者从实体法得到他們的統治权。在常常引用的拉彭德关于国家服从法律所說的話里面，这个見解被認为是我們的文明的一种固定要素。选举者的权利、国会議員的权力、裁判官的权限、警察和軍队的权力，都由法律决定，而不能用其他方法决定。因此，事实上没有一种权力不必証明它本身是合法的。狄驥和德国的学派都不了解，或者至少不充分了解：法治国家学說已經从学說变为事实。他們不曉得现代人把下述意見看做一种根本眞理：除依据法律外，誰也不能实行統治，即使他戴着王冠，穿着外衫，或者执着將軍的司令杖。这个在实际事务中繼續强迫我們遵守的眞理正是近代国家观念同統治者和被統治者——主权者和人民——的自然关系观念間的原則上的区別。后一种观念，在立宪制度产生以前，换句話說，在立法重新开始从国民正义意識产生以前，事实上的确占据了人們的心灵。例如：德国学派常常先有一种旧政体特有的国家观念。按照当时的事实，統治者的人格被看做一种独立的权力的掌握者，并且必須替这种权力尋找一种特殊的基础。德国学派只是放弃了旧政体所承認的这种权力的基础。上帝的意志或者国民的意志，以及各种契約学說，已經消灭了。一种称为国家或社会的法人已經提出来，代替它們了，这种法人被看做从前好似个人权一般地行使的一切权力的所有人。并且还主張：实际的統治者从他們对于这个法人的关系得到他們的法律上的資

第二节 批評

格。这个主张具有和旧政体的政治学说的各种假定相同的特性，就是被宣传所左右的辩证法。但是，有下述重要的差别：旧政体的政治学说替某种实在的事寻求基础；至于目前，政治学说企图替某种已非实在的事寻求基础。在目前，政治生活不承认自己辩护的主权者。凡要统治的人，即使他有从古代传下来的一种历史称号，也必须从法律取得权力。所以，探求一种已经不再独立存在的权力的基础，徒然浪费精力罢了。

狄骥的政治学说趋向同样的结果。在申说国家"只是一个事实"的时候，这个学者也忽略了下述事实：统治者的地位有一种法律的基础，因此是从实体法的规则产生的。在从前，或者有人怀疑这个事实，因为主权者和管理人民的法律制度间的关系是不容易表现出来的。因此，必须像斯宾诺沙（Spinoza）把国家行使权力看做一个"单纯的事实，"或者像大多数政治哲学家，用某种特殊的方法辩护它。狄骥明确地采取斯宾诺沙的见解，也就是后来的哈洛（von Haller）的见解。权力的纯粹事实的关系——就是强者对于弱者的关系——被看做自然的产物。但是，当涉及在社会内随时居领导地位的各种社会力量——经济的、宗教的、道德的、物质的、智力的——的时候，我们就不能再承认这个见解了。因为，即使我们完全承认这些力量的影响，但是这并不消灭另一个事实，就是：统治者完全从实体法取得他们的地位。我们可以承认，实体法并不和我们对它所抱的理想相同，并且产生实体法的正义意识是有缺点的；我们可以承认，负立法责任的人对于有物质的、道德的、宗教的和智力的性质的各种社会利益所抱的态度不很公正。这仍旧不变更下述事实：统治者的权限是以实体法为基础的一种"法定的"权限。这是应该重视的一点。倘使把这点记牢之后，就不必依赖一种同自然法合成一体和从"团结"产生出来的法律制度，去约束实际的统治者和规定他们应该如何使用他们的实际权力了。现在还不能够表明法律能够从团结演绎出来，因为团结是一种抽象的东西，不能看做一种积极的原则，除非能够表明正义意识是由它鼓动的。这件事要求对正义意识加以分析，这是克兰恩堡教授① 刚刚在我国开始实行的一件工作。但是，即使演绎是正确的，这种自然法也将遇到下述"单纯的事实，"就是：统治权遗传给一定的人，而不和自然法或实体法合作，正像意志是个人的一种自然能力一样。倘使我们不能根据法律诘问统治者的权限，——因为它不是一种法定的权限——那么，法律遇到法律统治所不及的一种权力范围了。因为这种权力范围不属于规范界，因此不能够受规范的节制。因此，法律的整个统治不能够实现了。这个学说终于产生以各种不同的基础为根据的一种二重的权力，并且没有一种权力能够影响另一种权力。

所以，这种国家观念是站不住的；并且，我们已经说过，它也不是实在的。因为每个担任公职的人——从选举者、代议士、和君主到书记、大臣、和将军——凭法定的权限担任他的官职，这种法定的权限不但规定他的义务和权能，并且也任命他个人为一个"统治者。"狄骥的"统治者"和"被统治者"间的关系因此不是事实的关系而是法律的关系了。并且因为一个统治者的性质是由法律赋与的，所以没有不以法律为根据的权力。国家固有的统治权因此只能求诸一个单纯的权力，即法律的权力。

第三节　近代国家学说

因为我们从各种观点再三得到上述结论，因此我们敢说：国家观念必须从法律推断，至于在国家这个"名称"之下应该包括什么，留待后文阐述。在国家经如此解释以后，我们能够主张：它的本质

---

① "Positiefrecht en rechtsbewustzijn", 1912.

第三节　近代国家学說

在一部分人类中的特殊的和独立的正义意識的活动內表现出来。一个民族是一个国家，因为法律关系的团体存在于它的內部。一个国家和别一个国家不同，因为在評估利益时采用特殊的法律价值的标准。我們用法律价值的每种新来源討論一种不同的法律关系的团体，因此討論一个不同的国家。倘使国家內只包括一个民族，它的特殊的法律关系的团体是比較丰富而且比較有新思想，該民族的全体人民参与决定存在于正义感或正义意識內的精神的价值。現代文明国家，就各該国所有的法律关系的特殊团体——以它的不同的民族为基础——来說，是大不相同的。因此，它們用来使人类过一种比較高尙的精神生活的內部的力量和意义，要比在古代大得多，在那个时候，只有使人类的一部分服从站在国民以外的主权者，才可以察知国家生活。法律范圍內的集体生活發达得很迟，比在宗敎、艺术和文学等范圍內迟得多。但是，因为国民已經重新参加立法，因此国民的法律关系的团体，正同全人类的法律关系的团体一样，明显地开始發达了。近代国家观念的基础特别存在于这些法律关系的团体內。

因为社会成員間的精神結合松弛，法律关系的集合团体也就衰弱了。許多利益的評价缺乏标准的統一。一个包括許多人种或民族的国家，只有把中央集权的立法减至最低限度，才能联合起来。在奥地利尤其这样，在另一方面，可以增进各国人民間的精神結合，可以产生一个范圍比較广的法律关系的集合团体，从而可以实现一种比較高尙的正义意識的組織。德意志可以說是这种顺序的一个例証。

在目前，我們不能想像一个国家沒有某种法律关系团体的組織。甚至在精神生活还沒有分化和組織的那种原始的社会狀态內，也能够看到国家观念。在这种地方，虽然正义意識可能不承認它是精神生活的一种明显的要素，但是也有大部分从一种特殊的和原始的精神生活的本能的作用产生的一种关系存在。我們將在後文看到，甚至在目前，國際法的範圍也表明一種無組織的正义意識的活动。所以，在這個範圍內，國家觀念只用一種片斷的方式表現出來。

但是，在一切文明國家內，我們看到多少發達的機關，表明存在於國家內的正义意識。這是一個立法機關的作用為什麼在人類一部分內成為國家性質表面標志的原因。這個機關是什麼，是由該國憲法決定的。但是，最後分析起來，包含在憲法內的法同其他的法一樣要變更的。歷史上有許多例証，為了設置不同的立法機關或者組織不同的立法機關，無組織的法在憲法內變更。

國家觀念可以在每種立法機關內看到，甚至在具有頒發命令權的地方議會和省立法部的職掌內也可以看到。但是，這些機關是從另一種較高的法律來源的活动產生的一種法律制度的產物，并且它們的組織和权能都由這種法律制度決定。這另一種較高的法律來源，在統一國家內，存在於一個包括市和省的社會的有組織的和集中的正义意識內。這種正义意識，對於佔有一定領土的一部分人類，产生各種法律价值，包括決定"立法機關"本身組織的那種法律价值。但是，無組織的正义意識常常可以不顧有組織的立法方式而活动。包括在以這種獨立活动的正义意識為基礎的一個社會內的一部分人類就是國家。自然，這并不說，一切立法依賴國家；無論如何，我們不能夠禁止正义意識活动。它的意思是：正义意識的機關的發現存在於國家權力之內。因此，倘使這個組織是無用的，倘使它因此不把自治權賦与地方團體，那麼，就地方的利益說，公民的正义意識大受限制了。這差不多等於抑制他們的合法活动。

倘使設立一個高於若干現有國家的立法機關，這種機關可以發展成為一個較大的法律團體的機關。這個較大的團體，在它所合的正义意識"独立"活动的时候，并且在它成为一个不以各组成国家的法律制度为基础的组织的时候，达到国家的身分了。但是，一个集合的政治团体，或者联邦国家，是否应该称为国家，以及这个名称是否也应该应用于它的组成分子这个问题，在实际上是不很重要的，因为立法机关的权限大部分能够依照成文宪法决定。在任何地方，我們并不顾虑名称，而是顾虑国家的性質和观念。国家的本質在習慣法的作用內显示出来，这种習慣法，对人类的一部分構成法律价值的唯一来源。因此，杰烈涅克的国家定义站不住了。当他說"国家是位于一定的土地內，賦有一种固有統治权的人类团体"的时候，我們可以在字面上承认这个定义，假定这种統治权以法律的統治权为基础。但是，德国学派并不同意这一点，而从一种不受法律拘束的主权出發。这正是与本書闡述的見解的根本差别。

第四节 国家是一个利益团体

倘使国家是一个具有法律价值的独立来源的团体，那么它的唯一的机能存在于公私利益的法律价值的决定內，而这种法律价值表现在所加于某人的保护这些利益的义务內。国家是一个"法律"团体从而只在正义意識的活动內表现其效力的这个假定，消灭了下述見解：应該把国家全部或一部分看做一种保护特种利益的团体。因此国家不是一个利益团体。一个民族的国家的性質应被認为完全存在于法律价值的独立来源的作用內，而并不存在于任何特种利益的保护內，这是近代国家观念所不可少的。有許多公共利益，如和平、秩序、安宁、貿易、貨幣、司法、立法和国防，都有一种法律价值；换句話說，保护它們的义务是由法律規定的。但是，这些利益与其說是国家利益，不如說是全部私人利益，因为这些私人利益

【近代国家观念】

第九章 国家

具有法律价值，并且为了保护它們而规定法律义务。国家完全是一种规律的权力。倘使上述公共利益的保护被称为国家的事务，那么必須以下述理由为根据：这种种利益的保护有赖于許多人共同负責的法律义务。这些义务的基础存在于属于这些利益并且直接或間接从国家的原始法律来源产生的那种法律价值內。但是，父母敎育子女的义务也是这样，并且因为这是一种法律义务，我們应該說子女是由国家敎育的。公民依法规所定必須履行的一切行为或忍耐，也是这样。偿还借款的债务人、处理公务的文官、在工業內劳力的人、預备和处理或者起草和宣告判决的裁判官、参加立法会議和对各議案投票的国会議员——这些人都由他們的行为表現法律的权力。因此，我們在这些場合不得不涉及国家所要求的行为。这些都是国家的事务，或者沒有一种是国家的事务。替若干种利益（像司法、邮政和銀行制度）执行的事务称为国家的职务，而替其它利益（像敎育、制造和家庭服务）执行的事务不称为国家的职务，是沒有理由的。这种服务有一个共同点，就是：它們是依照法律課加的并从属于各种利益的法律价值产生的那些义务实行的。国家的現实性是以它所加于法律价值的节制为根据的。这种法律价值——就其来源說——对于一切利益是相同的，倘使沒有这种价值，便沒有为任何利益服务的义务了。国家在这种节制內生存并表現力量。

因此，我們必須抛弃在宪法文献內重視的旧观念，就是：法律的維持和执行，一般幸福、安宁和秩序的保护，都是国家的职务，并且政治团体的本質应在这些目的的实現內尋找。反之，我們必須主張：国家不过是一个法律团体，换句話說，是具有原始法律标准和原始法律来源的人类的一部分，因此是具有独立法律关系团体的人类的一部分。所以，国家除把法律价值赋与若干种利益外，不执行其它职务。国家除課加为公私利益服务的义务外，不能做其它事务。

在这里有两个问题发生了：第一，国家的本质存在于特种利益的保护内的见解如何发生的呢？第二，看做一种法律团体的国家的正确观念为什么在现代发生呢？这两个问题由国家的历史解答。

第五节　国家的起源是一个利益团体

即使在原始的社会状况下，国家在人类的一部分中的精神力的作用内表现出来。在这种地方，团体依赖血统关系而并不严格地称为一个法律团体。因为在这种血统关系的团体内有效力的精神力还没有分化。法律、道德和宗教的效果，几乎不能区别。但是，即使血统关系的团体可能形成若干国家，但使人类的一部分——一个民族或者种族——成为一个国家的，不是血统关系。这是由建立在这个生物学的基础上的精神统一完成的。

不但这样，我们可以说：这种精神生活的作用，和因此法律的作用——倘使后者能够加以区别——虽在自觉的立法开始以前，可以在团体成员的行为的习惯和方式内看到。

但是在这种地方最使我们关心的是受法律保护的各种利益的问题。我们可以提出这个事实：在原始的国家内，个人很少受重视或者完全不受重视，因此被人注意的不是他的利益，而是他所属的集团或家族的利益。我们又必须特别注意到必须维持的很普通的利益，尤其根本上同抵抗其他种族以维持这一种族的独立有关的军事的利益。对于这些利益的关心，目前在特别选定团体的一个成员去管理它们这个事实内表现出来。因为他具有为了这个目的而行使的命令权，他获得族长的地位。主权观念——虽然限于使他兴起的那些利益的保护——是由他产生的。起初，族长的权力限于維持种族独立的單純事業，这种权力也以統治种族共同生活的法律制度为基础。

但是，在文明多少进步之后，若干公共事業——像司法和貿易——的保护划归族長的事業范围之內了，因此他的权力显著地增加了。不但这样，他的职位变成世襲这个事实，是给他一个統治的地位和决定他的职位的法律概念的决定性要素。它产生个人享有权力的权利观念——一个多年坚持的观念。特殊的主权观念因此出現了。但是，頒發包含在这个观念內的拘束命令的权，起初仍旧以若干公共利益的保护为限。就这些利益說，团体成员对族長处于一种服从的关系。就这种事实的性質看来，他仍旧是一个負保护若干公共利益的重要职务的官吏。为了达到这个目的，他制定法律，并把各种义务加諸公民身上。

專制君主政体發达以后，在实践中，尤其在政治学說上，产生了如下的观念：君主不但是一个保护若干重要公共利益的机关，因而能够把法律保护扩張及于这些利益，并且他也是一般的法律机关。换句話說，他不但被認为能够使若干种公共利益的法律价值有效，并且也决定法律价值本身。他被看做行使各种权力的机关，因此一切公私利益必须从他获得它們的权利：

把保护各种利益和制定法律二重职务授与專制君主政体，直到現在支配着国家学說。一方面，專制君主政体的設立产生了做为一个法律团体的国家的概念；另一方面，因为若干种公共利益的保护是君主的永久职务，因此国家的目的和本質被認为存在于这些利益的保护內。把君主从一个負責保护若干种公共利益的官吏变成一个做为法律团体的国家机关，这大大地妨碍了对于国家性質的理解。

尤其，同做为一个法律团体的国家有关的权力的观念，在專制君主政体內移授与君主必须保护的公共利益了，结果，把这些利益

第五节　国家的起源是一个利益团体

看做"权力"。古代和近代文献都深受这种观念的影响。"王位的大小特性"被看做君主的统治权的要素,而事实上它们只是君主必须保护的许多公共利益而已。鲍庭(Bodin)的"主权的真正特征"同样包括关于若干种公共利益的种种君权。后来,当政府职务的划分显见必要,而且分权学说得到普通承认的时候,国家被看做三种重大利益——有组织的立法、司法和强制执行及刑罚——的混合体。这三种利益必须看做分立的权力,国家的整个活动范围以管理这种利益为限。这种把国家看做各种利益的混合体的观念并没有被现代政治学说所否认。这在德国文献内尤其明显,我们在这种文献内看到关于警察权、财政权、教会权等等的详细研究。

因为同法律机关一样能行使权力的那种机关,也负责保护公共利益,所以利益和权力被看做同样东西了,结果,受君主保护的公共利益,正因为这个缘故,被认为具有一种固有的优越价值了。这个见解产生公法和私法间的原则的差异。人们忽视了这个事实:单就君主保护若干种利益说,君主在这一点上同任何其他有同样任务的人处于确切相同的地位,并且他只能在他的利益的法律价值被承认以后,才能说他的利益是有效的。人们忽视这个事实的原因是:君主同时也是国家的机关,因此对于法律价值有节制权。因为这个缘故,凡君主所做的事盖着官方的印章。但是,有一个例外,这对于看做利益的混合体的国家和看做法律团体的国家间的对立很有关系。在某些情形下,君主把普通法律用作一种保护那些委托给他的利益的工具,因此在私法的范围内活动。在这种情形发生的时候,人们承认:他事实上并不替国家而是替利益的混合体作事,这些利益只在依据私法证明它们的法律价值之后,才能够胜过其它利益。反之,"这种"国家——就是产生它本身价值的一种法律来源——除行使权力外,永远不自己表现出来。这个事实的认识引起看做主权者的国家和看做国库的国家间的区别。后一个名称一部分說明下述靜伏的意識:在这种地方,执行职务的不是国家而是許多社会利益之一,虽然仍旧有人假定这些利益同国家密切地相关,因为它們由同一机关保护,这个机关充任当做法律团体的国家代表。

因此,目前仍旧盛行这个见解:国家本身为了保护特种利益——像国防、司法、貿易和救貧——而做事。这是由于專制君主政体(就是君主成为法律机关的政体)把許多公共利益的保护集中于同一机关或同一官吏而發生的,因此立法和利益的保护归并于同一人之手。同样的情形产生现在还没有消灭的一个见解,就是:若干公共利益本身——因此不述及法律估价的任何手續——有一种优越的法律地位。因此也引起公法和私法間的原則的区別,这种区別成为相互关系業經规定的那些人之間的一种区别。在私法內,各种利益的代表处同等的地位;但是在公法內,他們处于不平等的地位,就是:主权者对臣民的关系。最后,同样的情形引起国家是否能够受法律拘束这个不易解决的問題:按照国家是公共利益的混合体的所有者或者是一个法律团体,而给以肯定的或否定的解答的一个問題。

第六节 国家起源是一个法律团体

我們现在講到上述的第二个問題了,就是:为什么真正的国家观念终于在实踐上和理論上發生呢?为什么我們现在应該把国家完全看做一个法律团体,从而看成表现一个原始的独立的价值来源的作用呢?

至少在欧洲大陆上,立宪制度以立宪君主政体的形式在十八世紀末和十九世纪初出现。它的重要部分包含在人民参与国家权力的行使这个事实內。在这种地方,"人民"事实上不是全体人民,

第六节　国家起源是一个法律团体

只有在社会上处优越地位的一小部分能够派遣代表。但是主要的問題是：君主的权力的行使必須由人民参加。但是人民参加的是什么权力呢？是看做保护事业的混合体的君主——換句話說，看做国家的最高官吏——的权力嗎，或者是他以法律机关的資格行使的权力嗎？大家都曉得，人民参加移授給代議团体的主要是后一种权力。只有在特殊情形下，这个代議团体才能参与所謂国家的行政职务。除了对于条约的締結实行合作外，立法部的参与行政事务大牛包含在它对預算的管理权內，它依賴这个管理权对国家收入的分派有發言权。

但是，最重要的一点是人民参与立法权的行使。不过参与的意义不是参与立法的全部范圍，而只是参与制定民刑法，或者参与有关若干列举的事物。尤其，人民参与有关公共利益的立法的能力是多年来为人所否認的。人民不得参与有关公安、秩序、安宁的一切事务，或者，用当时的术語說，国家的警察权。因此，当与君主必須和議会共同参与的立法权相比較的时候，关于只屬于君主个人的命令权的范圍發生了爭論。但是，在开始行使国家权力的时候，議会的参与無論多么有限，第一步是：对于看做事业的混合体的国家的机关和看做法律团体的国家的机关，加以区别。当因采用共和政体，或因立宪君主政体發展成为議会制度，而議会开始以唯一的立法机关的資格行使职务，和行政不列入立法之內的时候，这两种权力开始完全分立。因專制君主政体所采用的合幷两种特性于一人的制度消灭，行政部遂充任以保护公共利益的混合体为目的的机关。这种分立能够使"国家元首"受法律支配，幷且能够实现这个要求，就是：以君主为管理机关的那些公共利益，同任何其他事业一样，只在它們具有一种法律价值的时候，才有效力。这个要求的实现在法治国家学说內明白表示。

完全以立法为目的的机关的設立，和君主政体及其專制主义傳統的居于次位(法治國家學說所要求的)，實際上逐漸產生如下的觀念：國家的眞正的本質在立法團體內看到。這是由于把法律看做唯一的拘束力，而承認個人享有權力的權利的那種舊主權觀念已經消滅了。當康德(Kant)①說"一個國家是依法律組成的多數人的團體"的时候，我們已經看到上述國家觀念了。在他之後，史塔爾和拉森(Lasson)在"國家是具体的法律制度"這個公式內表示同樣的觀念。但是在這兩種場合，這個公式內所含的觀念都不爲人所了解，因爲在那個時候，立法還不很重要，只是偶然發生；它的更重要的方面是法典的編纂而非修改。要特別注意的是使用軍隊和警察——服從行政機關的命令——去保障和平、秩序和安寧的行政機关的日常事务，或者是征收市民收入的一部分的財政機關，或者是用刑罰或罰款權使人民感覺司法行政的司法部。這是一個機關——一个主权者。并且，因爲主權觀念從古以來同國家觀念連系起來，所以國家權力的表示都在這些活動中看到。下述觀念還没有發达：這一切活動是公共利益的法律價值的結果，因此只因承認這種法律價值，才行使權力。這個觀念，只在十九世紀後半部立法充分發展機能之後，換句話說，在公私利益的立法開始擴大以後，才能够成熟。在公共利益的場合，這種立法採取擴張行政法的方式，產生一種有異于管理行政職務的普通法的制度。在私人利益的場合，社會立法的發生是法律逐漸增加統治權的證明，因爲目前許多私人利益賦有一种法律價值，這種法律價值在從前沒有或者不過有一種不充分的法律保護。因此，"法律"是權力的唯一重要来源，愈來愈明顯了，因爲公私利益都從法律取得效力。這個事实立刻啓示國家的重要性質，就是：國家是一個法律團體。那陳舊而常常反復申說的見解是：權力是國家的特質而國家是一種權力的

---

① "The Philosophy of Law," Sect. 45; English translation by W. Hastie.

表示，只在假定这个权力在法律內显示并除了颁布法规外没有其他效力的时候，才能够加以承認。因此我們必須主張：国家只在立法內表現——無論由制定的法律或者由非成文法。所以，国家并不在执行刑罰或在正法上表現，也不在裁判官、軍队和警察的职务上，也不在代議士的会議和投票，以及代表的选举上，也不在發出电报和書信上，也不在建筑鉄道和开鑿矿山上，也不在給付郇金与老年殘废人上，也不在储蓄银行的經理上表現。总而言之，它不在以維持任何利益为目的的任何活动內表現。我們承認国家只在提高一种规范使处于法规的地位，并且使其它一切活动頼以进行的那些价值来源的活动內表現。

第七节 利益团体的組織

政治实踐和政治学說都必須在看做法律团体的国家和看做利益的混合体的国家間加以术語上的区别。在我国的宪法內，已經确定这个区别，因为看做利益的混合体的国家称为帝国。但是，大概說来，这个区别不曾确定，行政的各部分被看做"国家"的各部分。因此养成如下的信仰：国家的本質在特种利益的保护內表現出来。这方面术語的不进步是由于下述观念造成的，就是：这些行政部分在政府內有它們的統一点，并且应該把政府看做国家的中央机关。但是这个观念随着时間逐漸与现实不相符合了。

第一，看做利益的混合体的国家不是一个統一体，愈来愈明显了。在任何特殊的利益团体都应当被看做国家的特殊利益这个实質的意义上，它不是一个統一体；在一切公共利益都应当受同一机关——政府——保护这个形式的意义上，它也不是一个統一体。国家在实質的意义上不是一个統一体，已經在上文反复說明了；我們必須詳細討論公共利益的混合体。指出"必須"加以保护的利益当然是可能的，但这是应该适用于公私两种利益的。在现代文明国家內沒有容許奴隶制度的了。在每个国家內，一切个人的利益在社会內必須占势力，正和必須准备司法或邮遞这一类公共利益一样。但是这些公共利益的保护，同其他一切利益的保护一样，是从它們所有的法律价值发生的，因此不应该把它們看做国家的唯一利益，它們也不是比应受法律保护的任何其他利益大或小的国家利益。

在形式的意义上，屬于国家范圍內的利益的混合体也并不構成一个統一体。因为把这些利益的保护委托于一个机关——由許多臣屬代行职务的君主——的时代早已过去了。一种分权利已經实行了，结果，事务的各部分分配于多少独立的各机关。第一，我們在各部看到这一点：这些部——至少在大臣的責任已經代替君主的統治权的那些国家內——是独立行使职权的行政部的各部分。这种分权制，在已經創設多少不受政府节制的特殊組織去管理公共利益的场合，尤其明显。有时，像在帝国邮政儲蓄銀行，这些特殊的組織得到法人的待遇。法院也承認它們是法人。最古的独立行政分部是負司法責任的一部分——至少就它有关民法和刑法說。但是，在目前，其他許多公共利益有不受政府节制的組織。因此，如果我們繼續依分权学說講，那么除司法权外，已有許多权力發生了。邮局、电話和电报局、鑛务局、造幣厂、公共衛生机关、大学、保險机关、劳工檢查局，已經發展成为多少不受政府节制而有它們本身收支預算表的社團了。因此，指出从前在行政权的名称下受政府直接保护，而现在已經独立的許多行政分部，是可能的。在国家的全部領土內具有重要性的許多利益的场合，把它們委托于独立机关保护的計划，已經实现，或者正在实现中。但是这种分权制实施得無論多么普遍，总会有政府必須准备的一种利益的混合体留下来。政府是整个国家的机关，換句話說，同国家同样广大的

第七节　利益团体的组织

并且未經某种特别机关准备的那些公共利益的机关。对于看做利益团体的国家的眞正組織表示异常感动的法国公法学者狄驥①，幻想將来所有公务的各部分——包括軍队和警察——应該組成独立的社会。但是，卽使如此，將常常留下须由政府充任管理机关的若干暫时的和未預想到的利益。但是，因为行政上的分权繼續进行，被看做一种利益机关的政府的活动范圍愈来愈小了。因此政府能够以全副精力从事立法。

但是，我們已經明白，無論未来能够产生什么，公共利益的管理不再像从前那样，全部行政事务成为须由政府官吏执行的一种政府职务，統一于政府机关內。公共利益的統一必须在依法产生的各行政部联合会內寻找，至于这些行政部的組織本身由法规定之。因此我們看到：一种和省市的自治內所見的分权大不相同的分权逐漸發现了。这是一种供給有关国家——看做一个团体——的一切公共利益的分权。到现在为止，这种分权只由設立和社团形式相似的独立行政部分才表现出来。立法的权限极少賦与它們。因此，监督勞工法的实施的委員会，在若干情形之下，有替委托給它的利益制定法规的权②。扩張立法机关的必要已經指出了。所以，行政的分权將終于把立法权賦与那些利益的管理机关——沒有这个机关，那些利益將不能够得到充分的保护——不是不足信的。

在这种显然逐漸进步的分权內，好多种利益逐漸产生，成为公共利益，因此設置特殊的行政机关去管理它們。这明显地表示：国家概念切不可依据任何特殊利益的管理决定，但是必须完全依据这些利益和其他一切利益的法律价值所由取得的唯一的和原始的法律来源决定。但是，政治学說现在仍然受一种从專制君主政体

---

① "Le droit social, le droit individuel et la transformation de l'état," 1908, "Les transformations du droit public", 1913.

② "Statutes on Safety Devices for Labour and on Stoneworkers".

获得的国家概念的支配。在这种政体内，立法不过是君主必须执行的事务的一小部分，他的通常职务是管理若干公共利益。在现代政治学说内，"国家具有君主的权力"。从前称为君权的现在看做国家的职务了。因此，君权内所含的二重职务已经移交给国家了，虽然只有君主的立法的职务才能正式看做国家的活动。政治学说目前仍受这种混乱情况的影响。它在管理公共利益时所应执行的一切任务内，看到某种事情有异于因公民的私人利益而执行的任务。它称前者为国家的事务，因为把国家代替君主之后，凡从前君主所做的事——包括公共利益的管理——现在必须看做"国家"的任务。人们忘掉在这种场合君主只充任一个有许多属吏的官吏，正像现在千万官吏直接处理公共利益一样。国家的意义并不存在于任何利益的管理内，而是完全存在于它确立利益的"法律价值"这个事业内。看做法律团体的国家无疑是由专制君主政体产生的，但是，因为这种政体是由集中公共利益的管理于一个机关——君主——发生，所以它也对于下述事实负责，就是：即使到了现在，国家的重要特质在这种或者那种利益的管理内看到。直到采用代议制度以后，立法才能够同利益的管理分开。直到十九世纪后半部，巨量的立法才重新使人感到法律的重要性。这两个事实引起人们研究国家的性质，并使它被认为一个法律团体。

在现代政治学说内，没有比它关于国家和法律的关系的教训显得更混乱的了。国家被看做一个立法的人，并受法律的节制。这种明显的矛盾是不容易解决的。公共利益的混合体必须被摈于国家观念之外，并且必须把后者只看做一个法律团体。倘使真正这个样子，我们将看到：所谓国家受法律节制不过是公共利益受法律节制罢了。被看做法律团体的——就是看做有一种原始的法律价值来源存在和活动的人类的一部分的——国家不服从什么东西，因为法律是"最高的"。

第七节 利益团体的组织

　　在国家学说达到这个阶段的时候，它遇到另外一个问题了。看做法律团体的国家的概念必须同国际法相符，这种国际法的拘束力即使对于国家也必须不包含矛盾。

　　这个问题的解答引导我们最后讨论国际法的性质。

第十章 国际的法律团体

第一节 国际法的权力

一、从国家的权力取得它的权力 现在，在理论上和实际上都普遍承认：国际法同国家的立法团体所制定的法律一样，有要求法律名称的权利。但是，在国际范围内，法律的最高权的解释，正和国家观念与国内法的拘束力一样，受主权观念的影响。

从前的见解以一种法外的权力为法律的最高权的基础，这种权力在国家内看到。国家是主权的或者原始的统治权的化身。倘使这个见解继续流行，国际法的最高权也必须以国家的权力为基础。国际法的独立的统治权永远不能够用这种方法得到。而没有"独立的"最高权便不能够谈法。许多著作家有时注意不到他们所陷入的各种矛盾。例如：狄鲁特(De Louter)①主张：国际法是由国家的自由意志从下面建立的，并且也从这种意志取得它的制裁。但是，假使这是真的，那么国际法对于否认它的制裁的任何国家将立刻丧失效力。这个学说只引起一种"自限"。在未受限制的"法律能力"和受限制的"行为能力"间实行区别，得不到什么东西，因为，按照上述理由，这种限制是从国家本身的意志产生的。但是，同一个著作家又坚决主张这个学说是难以维持的，他说："一个主权国受制于它本身的意志，以这个意志继续不变为限"，因为这个学说"将破坏国际法的构造所根据的基础"。然而这正是从他本人对于国际法的效力提出的解释所产生的逻辑见解。国际法不能建筑在国家主权的虚伪的基础上。然而，还有人继续作这种尝试。例如：乌

---

① "Het Stellig volkenrecht", 1910, Vol. 1, pp. 17 ff.

第一节 国际法的权力

尔曼(Ullmann)① 承认一种国际团体的存在，认为这含有对国家的限制，但是仍旧迷惑于国家主权观念，因此不得不承认国际法的力量从国家的"自限"产生。他说：从法学的观点来看，"没有人能够在国际的法律活动范围内适当地论述国家的天然自主和独立的'实际障碍'，因为，国家为保护和管理集体利益与义务而执行的一切事务，最后分析起来，是以它的自主和独立——它的'主权'和它在国际法上的'自由人格'——为基础的。因为它有主权并有用自主的行为限制它本身的意志的能力，所以各国和各民族生活中能够有一种正式的关系"。

显而易见，这个作者坚持主权观念并坚持国家特有权力的最高性观念，因此他同杰烈涅克在公法范围内的看法一样，抛弃法律的"自主性"。因此，他们就以应该成为支配对象的那种东西——就是意志——作为法律拘束力的基础。

我们关于国际法所遇到的困难在下述对比内加以综合，就是：国内法从一个主权者、一种统治权、一种权力，取得它的拘束力，但是国际法的强制力并不依赖这种中央的立法权。李兹德(Von Liszt)② 用如下的话说明这个对比，他说：国际法根据联合原则，但是国内法根据统治原则(Principle of rulership)。虽然，这种联合原则只是李兹德所表示的下述见解的一个名称，他说：在国际团体内，这个团体的意志不过是各成员——各国家——的集体意志罢了。"在国际团体内，全体的意志，无论在国际会议上明文决定，或者只在国际惯例内发现，都'不过是集合的各个人的意志罢了'"。但是，事实上，这不过是下述见解的另一种说法，就是：在国际法上国家不受它国拘束而拘束自身。所以，甚至李兹德，为了找出更正

---

① "Völkerrecht", 1908, p. 6; "Marquardsen's Handbuch des öffentlichen Rechts", I, II, 2.

② "Das Völkerrecht", Ed. 11, 1918, p. 6.

确的定义，对上面所引的話也附加了如下意见："国际的协定只拘束'願意'拘束'本身'的那些国家"。

二、批評 但是，事实上，上述困难，同在国际法一样，也存在于国內法。在本書前几节內曾經反复說过：一种独立的主权是一种假定，因此，甚至国內法也不能从这种来源得到它的拘束力。由此看来，国內法和国际法处于完全相同的地位。倘使这是眞的，那么国际法的拘束力也以它的精神性质为基础，从而以它是人类的正义意識的一种产物这个事实为基础。它憑着这个性质統治，依照它的规范强制人們作为，而它本身站在意志之上。国际法和国內法不同之处，不在它的起源和基础，而在它的权力所及的团体的范圍。国际法的不完全的特性幷不存在于它統治各"主权"国家，因此以这些国家的意志为基础这个事实內。但是，它存在于以规定各文明国家的团体为目的的那种正义意識的不完全的組織內。国际法的建立以及由一个适当的司法机关管理和施行，仍旧处于初步的組織阶段，但是这一切在国內法早已發达，已經有系統地完成了。满足这种关于国际法組織的要求，是现在最引人注意的問題。就国际团体的組織說，我們还生活在中古时代，那时，公民間的政治关系同目前国家間的政治关系一样破碎不全。立法、审判和司法，在那个时候，正像目前在国际团体內一样，組織不完全。但是我們有理由希望，建立国际組織将比文明世界的政治制度达到目前程度所需要的时間少，牺牲的人也少。因为国际的接触逐漸增加，不能不产生这种超国家的組織的正义意識的作用比从前更有力量、更广大了。这个事实的结果在前半世纪內設立的許多国际的法律协定內很明显地表现出来。因此，即使现在还談不到一个包括一切国家的法律团体，但是现有的法律团体，或者国家，不复具有现在的政治学承认它們在理論上具有的自足性了。国家观念正开始超越民族国家的界限幷在較大的法律团体內片断实现，这种法律团体向人类的利益贡献一种小的法律团体所能产生的新而更高的法律价值。所以我们已经走上构成较大的国家的道路了。倘使这些较大的团体真的实行立法，现有国家的法律活动必定减缩。法律价值最后来源移到这些较大的团体，而现在的民族团体丧失国家性质，虽然繼续存在，但是保持一种多少非原来的自主权。我们必须在下文注意在我们眼前的变化。

第二节　国际法的内容

一、国际法对于看做法律团体的国家的重要性　在所有法律价值以国际法为基础的那些最古的利益内，包括一个民族按照自己的法律标准决定其公共秩序的固有利益。换句话说，它是一个民族在建立一个国家时所有的利益。这种利益的价值不比任何其他利益的价值更绝对；因此由国际法决定它的法律价值。但是，为了这样办理，必须使外界明了：民族事实上有成为一个国家或独立的法律团体的权利。这表现在它本身所有的成文的或非成文的国内法产生的一种能够实施这种法律的组织内。为了使这种民族利益的实际重要不發生问题，必须有一种准备立法、司法和实施法律所不可少的机关的法律制度。一个民族指导本身的法律生活的利益经国内法认可以后，才能取得国际团体的法律认可，从而决定这个民族成立一个国家的权利。但是，有时把国家的性质赋与一个民族，不管它本身有没有国家一类的组织，并且像阿尔巴尼亞那样，利用国际法设立一个组织。

所以，一个民族国家的性质是以一种以国际为范围的法律为基础的。单独一个民族沒有过独立的法律生活的自然权利。倘使国际团体的利益的法律价值不经这种独立的法律生活增进，那么一个民族要求依照它本身的法律标准规定它本身的共同生活是无效的。当一个民族被其它国家以任何方式認做一个国家的时候——虽然不必从"一切"国家得到这种承認——国际团体关于这些要求的正义意識表示出来了。在这种地方，假使承认法律是一个团体的标准，也必须有一种统一的标准。通常只有允許多数去决定才能够实现这一点。

倘使一个民族構成一个国家的权利以国际法为基础，那么国际法也可以决定这种权利的范圍，这是显而易见的；但是国际法对于看做法律团体的国家没有其它意义。它只能把各种限制加諸一个民族的法律活动。看做法律团体的国家不能够負任何一种义务，因为这种义务等于如下的一种要求，就是：它按照一种和看做法律团体的国家的法律标准不同的法律标准产生一种制度；这等于取消它的国家性質。的确，一种国际的规条能够强迫立法部或政府依照更详细的规则拟訂这种规条，但是在这种情形下，这种团体并不以看做法律团体的国家的机关的資格，而是以国际的法律团体的机关的資格执行职务。一个国家的法律活动完全表现在设置使国与国相异的那种特殊的和最終的标准上。所以立法上的自由和独立是和国家密切相連的。因此，国际法除了关于国家能够按照本身的法律标准制定规则的那些利益限制国家外，不能够做其他事情。任何一类利益可以不受制于它的法律规定，但是，倘使要不丧失国家的性質，那么采用的法律标准必须不受限制。所以，当任何利益經国际的法律团体认为具有法律价值的时候，被看做法律团体的国家的权能，关于这种利益的評价，将遇到一种限制。

二、国际法的主体　但是，假使国际法不把各种义务加諸国家，那么誰履行它的义务呢？这完全决定于国际法所规定的利益的性質。如果它們是公民的特殊利益——通常如在国际私法范圍内——那么主体是个人。假使它們是公共利益，那么經宪法委托管理这些利益的人是主体；例如：因条約关系，必須按照国际法规証

第二节 国际法的内容

明一个外国法院的召唤状或执行判决的裁判官；或者，必須按照国際的法律协定处理邮政、电报和电话等事業的政府；或者，為了履行条約，必須撥給款項的立法部；或者，因和比利时所訂的条約，必須在荷比儲蓄銀行登記过户和权利交割的国家邮政儲蓄銀行；或者，因为关于居留地和引渡的条約，必須履行任何种义务的警察等就是。但是，这种义务现在普通都看做国家的义务。前面已經說过，这不能够說是看做法律团体的国家。但是，倘使把看做利益团体的国家看做这种义务的主体，有一种較好的意义嗎？这是不能够維持的，因为看做利益团体的国家并不組成一个統一体。一个利益团体形成一个統一体，因为它專心于特殊利益和特殊目的的实现。但是何种利益由称为国家的团体管理呢？我們已經研究过这个問題了。誰都不能够說，某种利益的管理是国家的一种重要因素。有許多国家沒有司法部，沒有立法，沒有邮政，采矿，教育部或公路管理处。这些利益目前所以業已准备，是由于它們被認为具有一种法律价值。但是，假使对于何者是国家的利益所下的結論应以这种法律价值的承認为基础，那么結果一定是：凡受法律保护的利益都是国家的利益。倘使这种說法对于国家的性質有些关系，那么沒有人將表示反对。但是，事实上并不这样，因为对于可以認为具有法律价值的利益沒有限制，并且这个問題不能够預先决定。新的利益在法律范圍內發生，旧的利益——像宗教的利益——消灭。沒有利益必須看做国家利益；因此，同其它团体比較起来，国家的特性不能够在它管理任何利益內看到。只在它們賦有一种法律价值的时候，它們才成为国家的利益；所以，国家本身只在这种法律价值从一种固有的和独立的来源产生的地方才存在。包含在国家观念中并使人們組成一种有异于其它一切团体的社团的特殊目的，是一个民族实现它本身的法律理想的权利。

所以，把看做利益团体的国家称为国际法的主体，是毫无意义的,因为在这个意义上,"国家"这个名词只是表示依照赋有法律价值的或少或多的利益减少或增加的利益的混合体。有权力和义务以及被认为同国际法相关的利益的保护者的那些"人",是国际法的主体。把条约权利和条约义务看做国家的权利和义务,不但在法律上不恰当,而且混乱法律关系的事实,从而使假设成为权利的所有者。为了简略起见,依照普通习惯,把看做利益团体的国家称为国际法的主体,可能是可以辩护的,并且事实上的确如此。但是,为了正确起见,我们必须了解这是指示必须服从国际法规的那些人的间接方法。但是事实上人们并不如此了解。在假定荷兰"国"受条约束缚的时候,这不过告诉我们事实上服从这些义务的那些人罢了。所述及的人或者是政府、裁判官、检察官、立法部、市长、堤防委员会或者私人。这许多人中那一个受国际法的支配,决定于何种利益必须由国际法估定价值,何种人经宪法(国家的或国际的)指定管理这些利益。

那么,如何会发生这种事情呢,就是:按照流行的学说,把国家看做国际法的主体,并且国际法的特性被认为包含在它规定一种特殊的主体——就是国家——的相互的法律关系这个事实内。

这个问题可以由引述前文反复指明为错误的国家概念解答。这个概念的本质是人类的一部分服从一个主权者,或者,依照德国的术语,服从一个赋有最后统治权的人,所以,它承认一种存在于法律之外的自然的统治权。当这个见解继续保持的时候,只有把看做统治主体的主权者或国家插入,国际法才能够影响个人。"个人不过被认为统治和保护的对象罢了。"① 国际法的权力必须加诸主权者或国家,因此只有国家应当被认为它的主体。

因为公民不直接服从国际法,这种辩论显然产生如下的结论:国家的主权者必须随国际法的每次扩大重新制定新的规条。公民

---

① Heilborn: "Handbuch des Völkerrechts", Vol. 1, p. 95.

第二节 国际法的内容

除服从国家的主权者之外，不服从别人的命令。他們的主权者同其他主权者有何协定，对于他們没有关系。他們只关于他們的自然的君主所欲命令的事約束他們的行为。因此，在这个学說的影响下，使公私利益的管理者負义务的一种条约，必須在强迫管理者遵守之前重新制成一种法律，在若干国家內已成为一种慣例了。

这种荒謬的慣行和虚伪的学說，在看到繼續坚持專制主义的国家概念的政治学說的錯誤之后，馬上崩潰了，虽然这种政治学說以法人代替个人的主权者为自然的統治者，使在名称上有所区别。近代国家观念的流行使一般人逐漸明了：因为在国家的界限內，除法律的权力外，没有其他权力，所以在包括若干国家的团体內，必須把同一权力看做国家以外的一种管理权。法律在国际团体內——正和它在国家內一样——由它本身的力量統治。这是說：从国际团体产生的法律价值，把它們的义务直接加諸管理利益的各个人，这种利益的法律价值在国际法內加以規定。沒有一种假定的国家权力插入。"国际法"这个名称事实上是一个誤用的名称；这个名称只适用于把国家看做国际法主体，从而把国际法看做各国"間"的法律的那种学說。所以，称之为"超国內法"比較好些，因为这个名称表示如下的观念：我們討論一种管理若干国家組成的人类团体并具有比国內法效力高的法律。

三、国內法和国际法的关系　国际法的內容，同国內法的內容一样，是不能够預先决定的。人类的一切利益可以由"超国內法"規定，我們看到：逐漸增加的利益繼續受它的保护。因此我們可以把这种法分为私法、刑法、訴訟法、行政法和宪法。通常所謂的国际間的法事实上是国际宪法。但是这个名称不复同它所說的法的实际意义相符合了，因为它指示各国間的法律关系，但在实际上，国际法是应由个人履行的各种义务的混合体。因为有这些义务，所以設置管理若干公共利益的机关，并規定它們的活动；或者确定已經依據國內法設置的机关的权限。但是，这一切是屬于具有正当意义的宪法的。因此，已經有超国家的裁判所，例如：莱因河航行委员会，包括一个仲裁裁判所，它的組織成为超国内宪法的起源。但是超国內法大概使用立法部、政府、裁判官、警察等国家机关，因此它不过变更国內法所规定的这些机关的权限罢了。因为国际法现在已經發展成为一种超国家的宪法，將來使用这个名辞比较好，因此使国內法和超国內法变成并行的术語。

　　为了明了一个民族的生活法則，只注意国內法逐渐不够了。法律的每一部分正在逐漸擴張及于超国內法的範圍，因此权力和义务必须从国內法或从超国內法产生。这兩种法的区别既不在拘束力，也不在內容，也不在主体。这兩种法的差别在于：超国內法对于較大的团体有效，因此由它产生的評价具有一种较高的法律价值。正因为政治学說固持主权观念，主張国家含有国民服从一个法外的主权者的意义，所以超国內法不能和国內法处同等地位。从主权观念得到这个結論：因为国际团体內沒有主权，所以超国內法的效力沒有基础。不但这样，因为国际团体和应該評价的利益間沒有直接的关系，但是这种种利益只能由国家間接准备，所以国际法的內容有賴于国家已經归入它自身职务范围以內的一切。最后，因为国际团体只能够成为主权者的联合会，而永远不能成为任何其他东西，所以只有国家能够成为国际法的主体。但是，超国家的实体法直接反对从主权观念得到的这三种結論。因此，無論在什么地方，国际法的任何部分的研究要求在理论上討論它的原則，結果不是根本的矛盾，就是以任意的和假定的观念为基础的純粹邏輯的解释。只有充分和明确了解近代国家观念以后，从而只有主权观念被抛弃和一切权力以法律权力为基础以后，国际法才能加入眞正的科学行列。这样，国际法才有，或者才能够有，和国內法相同的基础、相同的內容和相同的主体。

第三节 国际法的制定

一、机关 同其他各种法律一样，国际法是人类正义意识的作用的产物，但是它到现在有比国内法狭小得多的一种基础，这种国内法的效力——因采用代议制度——以能够参加立法的全体人民的正义意识为根据。国际法仍旧大部分有赖于管理与国际法有关的各种利益的人的法律信仰。因为国际法和私法有关，所以对于各个人的法律信仰应加以考虑；但是，因为这种信仰是没有组织的，所以它们对于这种法律的形式只有一种轻微的影响。关于公法，换句话说，关于包含公共利益的法规的法律，同这些利益有关的那些人——就是行政机关——的法律概念或者能够在他们本身的范围内节制立法。但是国际宪法没有这种组织。各国的裁判机关、邮政、电报和电话人员、储蓄银行和国家保险委员会，多半是不直接交往的，并且事实上按照国际法的规定不能够缔结同委托给他们管理的利益有关的条约。但是，因为他们对于任何一类事件实际上有一种共同的系念，所以有时发生一种可以看做国际法的一部分的惯例。大概，只有中央机关——政府——被看做是一个立法机关。按照国际宪法，只有它能够同其它国家政府合作，替委托给它管理的那些利益并替一切利益制定国际法。然而代议团体对于国际法的制定只参加一小部分罢了。只对于若干种条约和对于两国政府缔结条约后举行的批准需要它的合作；因此它只有否决权。

所以，在制定国际法的时候，能够作最后决定的主要是各个政府的法律概念。但是，这些法律概念并不是同国民的正义意识完全没有关系的，这是显而易见的。虽然，这种正义意识的作用，除条约的批准外，是没有组织的，因此对于国家间的通常交往差不多不能生效。只在国民的最重要利益陷于危险的时候，国民的正义意识才发出一种强大的势力，在这种事情发生的时候，政府常常遭到在"没有完全了解各种关系"的情况下形成的各种信仰和概念的压迫。因此，在制定国际法的时候，最大的缺点之一是在各国间缺乏一种组织，保证设立一个——同政府一样——经常同国际利益接触的民众机关。这种机关或者是一个特殊的机关，或者是国内已经存在的立法机关。这个机关所表示的正义意识——被关于这种利益的知识所支持——能够在国际法范围内发生效力。这种组织是在最近将来应当力求实现的第一个目的，和平主义应该全力贯注于这个目的。关于在决定战争与和平时处危险地位的国民的重要利益，国民的正义意识应该有最后的发言，正像在大多数国家内，这种意识对于国民的法定利益已经能够作最后的决定。但是在这种场合，一个民族的法律信仰也只在它"确知"现有的各种关系——就是互相对立的各种利益——的时候，才能够有效果。所以我们应该注意的第一件事是破坏政府对于国际关系——尤其是有国际法性质的关系——的知识的"独占。"像我国宪法内的下述各种条款万不能再容许存在了，因为这些条款规定政府有决定国家利益是否容许把条约通告议会的权利，并且甚至在宣战时规定议会只能接受政府认为和国家利益相容的通告。这些条款故意使人民代表不了解同祖国最高利益有关的事件。关于这件事，一种完全不同的精神应该灌入各国宪法内。关于它们的国际关系，指导政府行动的，也不应该是一种无知的正义意识的活动，而是以这件事的各方面的知识为基础的国民的开明信仰。

国际法如何制定的呢？

二、习惯法 第一，我们必须考虑习惯法，这种习惯法的效力有赖于各个政府关于它们相互间的行为的——或者关于国际间的行为的——法律信仰。习惯法的最高权，就是它的客观的效力——

正和国内的習慣法一样——有賴于这些信仰的力量。習慣法的权力,因为它更普遍地被認为法律而增加。所以,習慣法的基础是一种关于若干种利益的法律信仰——一种共同的正义意識——的团体,而这种信仰依一定的行为方式表现出来。置身这个团体之外的人遭到他們的行为所引起的批評。倘使这种批評不能够成为事实,这是确切表明習慣法已經喪失效力了。这种批評愈有力量和愈普及,習慣法的效力也愈大。但是習慣法对于那些置身習慣法所由产生的法律团体之外的人也有拘束力。这是从已經确立的事实所得的結論,这个事实是:統一法律的需要要求大多数人实行統治。

所以,国际法同国內法相反,它的存在必须由屬于法律团体的那些人的行为証明;决定習慣法是否存在的机关——就是裁判官——开始产生了。当条约规定一个有处理国家間法律糾紛的权限的一般仲裁裁判所的时候,習慣法的效力所得到的基础比在習慣法的存在只由其他国家的信仰的偶然表现决定的时候更巩固。

三、条約法　要考虑的第二点是利用条约进行立法。每种条約,在締約国之間,确立一种对于若干利益的法律信仰的团体。关于这一点,在条约产生的法律基础和从習慣产生的法律基础間沒有区別。二者都确立了一个法律团体;但是在習慣法的场合,它的存在必须从各国的行为推定,至于条约法,它的存在由締約国明文规定节制它們的未来行为的规则証明。所以,每种条约都包含国际法的一部份,这一部份国际法,同其他各种法律一样,从决定它的义务的內容的那个法律信仰的团体得到它的效力。通常,根据一种条约制定的法律井不扩張到这个团体成員——就是締約国——之外。我們所以說"通常"是因为只在法律完全和締約国的特殊利益有关的时候才这样。例如:假使荷蘭同德意志締結維持愛姆斯河沿岸灯台或設置浮标的条约,这个条约所生的义务只限于这兩国。

但是，假使这个条约的对象是关于比较普遍的利益，例如：如果几个国家制定有关中立、引渡、婚姻、离婚、保护人职务、匯票流通等章程，那么这些国家的公民及其公务机关，尤其是它们的政府，当然必须遵守这些章程。但是，因为在这些场合業已制定国际法的那些利益并不完全是締约国的利益，所以这些条约构成国际法的一部分，这一部分国际法，依参加国的数目为比例，表示一种非常广泛的正义意識，使其它国家也多少受它拘束。因此我们不能够说，在国际法上，一个条约只拘束締约国。多数国家制定的国际法的一部分所發生的作用与习慣法完全相同。并且，同习慣法也拘束它所由产生的团体以外的人一样，为特殊目的组成的国际团体所拟訂的有关若干种普通利益的规条，对于非締约国也有拘束力，这是常常遇到的。沒有人主張：華盛頓条约的规定，1856年巴黎条约的规定，等等，只对締约国的利益有效。相反，这些规定是有普遍重要性的，不管其他国家是否遵守。这些条约在一切文明国家里喚起了一种正义意識，并且形成了成文的习慣法的基础。

我们在上面关于习慣法所说的也适用于条约法，就是说，在大多数场合下，它的遵守只由包括在法律团体内的那些人的信仰保証。初看起来，这个事实似乎表明：一种条约，同习慣法比較起来，是一种不重要的国际法的来源，因为后者得到許多国家行为所表現的一种正义意識的拥护。因此，一个国家如果违反了它，不但会引起一种反动，而且会引起許多国家的反动。在另一方面，在条约法的场合，我们必須常常涉及只对兩三个国家有拘束力的一种国际法，并且当这些国家之一不肯服从这个法律的时候，对于违法所生的反应是不很重要的。但是，我们可以引用下述事实去反对它，就是：單方面的违约是一种对于国际关系非常有害的行为，以致"条约的拘束"本身被認为是习慣法的一种规条。因此，一般的条约的拘束力，不但从締约各国所共有的一种正义意識拥护条约的

第三节 国际法的制定

內容这个事实产生；幷且，在各种条约所必須遵守的規条成为一切文明国家的習慣法的时候，也从一切文明国家的正义意識产生。所以，单方面违反条约，不但破坏了条约所制定的国际法，幷且也破坏了下述国际的習慣法的規則，就是：一种条约繼續拘束締約的各国。

但是，国际法和国內法不同，不承認永久的拘束力。"条约的拘束"只限于一定的范圍。它是一种的确具有偉大的文明价值的假說，但是同其它一切同样的价值一样，就法律而言，只能够要求一种相对的效力。因此，在产生一种条约的法律团体消灭的时候，条约所必須遵守的習慣法的規則將不能永久保持它的效力。这种和国际法內部衰敗有关的問題，將在后节詳細討論①。

四、契約的和宣告的条約 在以上的辯論內，幷沒有对各种条约加以区别；只說过，至少对于締約的国际团体，一切条约是国际法的来源。因此忽略了一种常常实行的区别，就是下述兩种条约的区别：前一种是在締約国間产生一种义务的有契約意义的条约，后一种是把意志的一致看做确立国际法規的宣告或同意的条约。但是这种区别沒有根据，因为国际法規是同样依照第一种条約制定的。

甚至在法律上，二者也沒有不同之点。有人以为：在产生义务的一种条约內，各締約国追求不同的目的；一方需要金錢，另一方需要貨物；因此要滿足相对的欲望。在另一方面，在立法的条约內，利益是共同的或者相同的，因此，各締約国的意志的宣告有同样的內容。我們认为这种辯論誤解了在各种条约內举行的立法的手續。倘使在契約的条约內各締約国追求不同的目的是对的，那么便沒有意志的一致，因此沒有条约了。一种条约只在各締約国追求同一目的的时候，才能够成立；幷且"兩个"締約国所追求的正

---

① 見第6节"国际法的內部变化"。

是条内所规定的法规的效力。每个契约的条约是一个法律团体的表示，所谓宣告的或者立法的条约也这样。在两种场合，意志的一致并不述及关于"利益"的同意，但是述及关于"法律"的同意。倘使有一种关于利益的同意存在，便没有立法的必要了。正因为利益不同，所以利益的法律价值必须加以确定。这种法律价值的确定在两种条约内都遇到。

在我们看来，这种区别的基本观念大概如下。例如：在制定关于中立、引渡或国际私法的条约——称为宣告的或立法的条约——的场合，那规定的对象是各国实现它本身的法律标准的效力的利益。因此，条约直接限制国家的立法的自由。所以，各国政府同"立法机关"一样，关于所要规定的法律标准互相商议。在另一方面，在所谓契约的条约的场合，各国政府同"公共利益机关"一样，互相对立，虽然同时也充当"立法的机关"。因此契约的和宣告的条约间的区别，表明上述看做利益团体的国家和看做法律团体的国家间的对比。

倘使立法是政府管理的公共利益所必需的，那么管理那些利益的同一机关也参加立法了。反之，倘使立法是保护非政府管理的那些利益所必需和因此是普通不被认为公共利益的那些利益所必需的，那么政府完全像一个立法机关行使职务了。倘使有人抱这种见解，那么在第一种场合的条约（述及一种契约的时候）有双重的效力：第一，每个国家的"立法的自由"，关于特种要点，受限制了；第二，政府"管理公共利益的自由"，关于国际法所规定的一切，也受限制了。反之，在另一种场合的条约（就是一种宣告）只对于国家根据本身的意思实行立法的权利加以变更。所以，契约的和宣告的条约间的区别，是在第一种场合对于看做一种利益管理机关的政府所受的限制特别注重的结果。这种限制被看做"国家"权能的限制。但是，这是错误的；因为它混乱了看做法律团体的国家的眞确概念以及看做公共利益——至少在目前，政府充任它的管理机关——的混合体的国家的概念了。倘使有人坚持国家的眞确概念，他只在国家在立法上受限制的时候，才能够說它受限制，並且一切條約都是这样的。因此，我們当然可以得出下列結論：政府在公共利益的管理上受一种限制，但是这在意义上並不同下述事实有所不同，就是：国际法的制定結果可以限制管理非公共利益的机关的权力。在第一种场合，那特点只存在于这个事实內：兩种不同的职务——維持法律和管理利益——是由同一机关（政府）执行的。但是，只在辯論的問題是維持法律的时候，才考虑到国家。卽使依照在專制君主政体下發达的旧国家观念，公共利益在术語上称为国家的利益，它对于所加于利益管理上的限制永远沒有关系。所加于利益管理的限制常常是利益的法律評价的結果。这种利益或者由政府管理，或者由其它机关管理，显然是无关重要的。但是，在政府管理的利益被看做国家的利益的时候，正当的綫索丧失了。由此看来，我們說有些条约含有一种所加于国家利益的管理的限制，有些則不是，是显然正当的。这是扩张国家概念使之包含公共利益的混合体的那种錯誤理論的結果。

五、立法 第三种立法目前在国际法上只是偶然發现。它在这种范圍内不过是特种利益的立法。这是自然明白的；因为，倘使不是这样，由立法部代表立法的团体將为一个国家，因此这种法律將丧失国际的性質。由立法手續制定国际法，只在替特种利益設置一个立法机关的时候，才能实行。我們对于这一点必须略加思索，更正确地决定立法的性質。

从条約产生的国际法完全从各国特殊的法律信仰得到它的重要性。它的效力是从每个国家的特殊的正义意識对它制定的規条所生的反应产生的。但是国际的法律組織是不完全的。各文明国的人民所具有的正义意識，不管它是否同任何国家的正义意識一致，必須象一种自治权一样使本身發生效力。为了这种自治的活动，第一，法律必须由它本身的机关制定。当法律由参与立法的大多数人制定的时候，这种机关实际上行使职权。在信仰的优势实行决定的时候，法的效力便超脱每个国家的特殊信仰了。在条约的場合，双方締約国各自具有的法律信仰对于规则的內容必须一致，因此使这种规则对于双方都可以有效力。在一个机关行使职权的时候，过半数已經足够了。至于哪几个国家构成这过半数，是無关重要的。关于这一点，成文法处于和習惯法相同的地位。習惯法的效力也是以大多数有关国家的行为所表现的法律信仰的总数为基础。所以，在这种場合，哪几个国家表现拥护法律的法律信仰，也無关重要。在这种地方我們也可以說，虽然一个机关不过是由常常变更的分子組成和由本能而不由明确的意識發动，但是它执行职务。

这种机关的組織和权能普通將为一种条约的结果。一个团体或者一个人可以發展成为一个立法机关并且它的权能可以由非成文法确定，这是可以料想的，在法律关系內，这种可能性是几乎没有的。反之，在国家本身的場合，例如在一个民族由革命脱离另一政治团体和自己組織一个国家的时候，或者在政体从君主政体改变为共和政体的时候，这种可能性是常常遇到的。

就立法机关的組織說，它普通是由官吏或者政府所派的委員組成的，结果它只是表示政府方面的正义意識罢了。所以，在民族中能够發生效力的正义意識，除政府官吏为他們的职务起見，不得不和民族的正义意識相接触外，没有什么影响。国民的直接代表，就是国际的议会是沒有的。但是，在人民参与条约的締结已在国內予以承認以后，以及在国会已經得到节制外交的权力以后，这种以国会为模范的代議团体的设置就成为不可少的了。

这种制定国际法的机关的权能是常常顧及需要立法的那些事

業而決定的。人類的國際組織依照和國家民族的組織相同的方向進展。自覺的立法，在認為若干種公共利益——尤其軍事——的管理所不可少的時候，在一個民族或種族內發生。在屬於這一類的更多的利益要求法律權力的時候，自覺的立法擴大了，直到最後產生一個完全的立法機關為止。在國際法範圍內也希望有同樣的發展。出發點存在於由法律管理特殊的利益。因各國間利益的連帶性增加，於是設立了超越國家的立法機關，希望這些利益可以得到法律的保護。結果，這些機關將混合而成一個組織，使世界的正義意識在各個範圍內發生效力。

六、国际法的内部变化　習慣、條約、司法判決和立法，表示國際法在外部表現的各種方式。但是，除形成和變更國際法的各種表面上的原因外，我們必須分別觀察在國際法內引起變化的各種內部原因，這些變化是不依上述任何方式預先在表面確定的。

這些內部原因存在於法律的性質內——這是從竞爭的利益的評价所得的結果。在一種習慣內、一種條約內、在一個法院的判決內或者在立法部的一個法令內确定的法律評价，當所評价的利益間發生不同的冲突時，就不復有效力，並且這些法律評价不復適用于這些利益了。在表面上，它仍舊有效力，但是在內部它已經喪失拘束力了。

法律的這種內部衰敗在條約法內看得最清楚。在締結一個條約時認為有拘束力的義務，雖然不被确定這種義務的各締約國廢弃，也可以喪失效力。在下述情形下可以遇到這種事情：在締結條約和在當時使人接受一種法律義務的種種情形業已大变，因此在以前的評价內不曾規定的一種不同的利益冲突發生了。为了把一种新的法律評价給与利益的這種變化的价值，國內的利益的立法組成一種立法機關。但是這種組織常常不足以使法律隨利益的变化而變化。因此，甚至在國內，法律关系也因它們所規定的利益的价值变化而丧失效力,虽然当事者和立法部不曾修改先前的評价。但是这种法律内部的衰败是例外,因为我們在国內有一个立法的組織。的确,这种組織是不完全的,但是它大概能够使法律随这些变化的价值而变化。例如:当这些法律变化的內部原因在国內發生的时候,能够在若干固定項目——例如:优越的势力、必然和其它等——之下,把各种情形分門別类。但是在国际关系的范圍內,这种情形更常常發生,因为在这种地方立法組織仍旧非常不完全,并且主要以有关条約的制定和廢弃的若干形式规条为限。因为海牙和平会議的結果,开始进行并經許金(Schücking)①詳加討論的那个新的立法組織,还不能够加以考虑,因为它的行动非常迟緩。所以,到目前为止,我們不得不只考虑以条約为基础的立法。但是,依这种方法制定的法律并不含有同可使权利义务發生变化的各种原因有关的事物——因这个目的而訂立的一种契約除外。所以,單單非成文的国际法就能在这种場合給我們以某种援助。但是,卽使我們不能够否認这种非成文法的重要,它关于这方面的內容仍旧沒有决定,以致除用极松弛的定式——像"以現狀的繼續为限"——以外,很难使它在实际上变成有用。然而,在下述各种問題發生的地方,一定很需要一种规则。某种条約应該認为仍旧有拘束力嗎?某个国家的利益,关于它們对文明的团体所具有的重要性,应該比其它国家的利益有較高的价值嗎?其它国家因此不得不接受所加于它們的利益的效力的种种限制,或者与此相反嗎?一个国家促进它本国的利益或者损害它国的利益的行为,是違反条約或習慣所制定的法规嗎?

有許多情形可以說明上述种种問題,以及旣沒有解决它們的实体法规也沒有裁判它們的公平裁判机关。因为它們是必須处理

---

① "The International Union of the Hague Conferences", English translation by Fenwick, 1918.

第三节　国际法的制定　　　　　　　　　167

的，所以它們由有关各国自己解决。我們可以举几个例子。禁止在黑海停留軍艦的巴黎条約第二条，在 1870 年被俄国廢弃。後来，倫敦会議承認了。的确，在那个时候，列强宣告片面廢弃条約是違反国际法的；但是这是一种"对于反对行为的抗議"，而不是一种一般原則。1908 年，奧匈把 1878 年柏林条約規定的波斯尼亞和赫哲哥維那的占領改为合幷这两个国家。保加利亞違反同一条約，用它自己的权力改变它和土耳其的关系，幷使自己成为一个独立王国。1905 年，挪威廢弃了同瑞典联盟。1914 年，德意志破坏了它——换句話說，普魯士——所保証的比利时和盧森堡的中立。

关于这种种情形，要求单独引用"条約拘束"这个規則，迅予判断。这种格言——經李兹德① 扩張为一个"構成一切法律的基礎的原則"——是不能够完全維持的。事实上没有人——甚至李兹德本人也幷不——把它看做在国內或国外完全有效力而毫無例外的一种法規。不，法律——节制各国生活的法，和节制个人生活的法——幷不从各部分的意志产生；它是从包括各部分的全体，为了本身的發展，提出的各种要求产生的。这些要求在国內由立法部决定。在另一方面，在国际关系內，幷沒有主权去实施有关法律的变更或廢弃的判断。在这里我們必須在一种無組織的法律团体的各种不稳固的基礎內，找寻一种决定正誤的帮助。在这些基礎內，我們只能举出这样一个基礎，就是：像历史所指示，在起初被認为法律的东西已經拋弃的时候，常常变更輕重的一个基礎。这是一种包含較广的文明所具有的較高价值——只是因为它比狹窄的文明包含得广些。人类从多少有組織的小集团發展而为較大的团体，这些較大的团体所具有的对于人类的發展的价值，在制定对各部分有效力的法律的时候，常常是能够作最后决定的。的确，这不过是一个抽象的公式，因为这种历史的过程幷不說明各部分对全

---

① "Das Völkerrecht", Ed. 11, p. 167.

体的發展所具有的重要性。那決定各部分法律价值和因此決定各部分所遵守的法律應否維持或廢除的，就是這最后的一点——全体的發展。但是以上所說的可以認为不仅是一个單純的公式，因为在任何情形下，它說明這个要点：法律并不從各部分所希望以及協議和條約所規定的一切得到它的內容。为了決定一个民族的重要，并且因此決定這个民族可以實施的法律的重要，我們必須置身于整个文明的中心——其他各民族和它們的無數利益同這个文明比較时只有相對的价值。但是，甚至這种相對的价值也常常不顧我們的希望而不斷地變化，雖然沒有能夠隨這些變化而變化的和依照這些變化改變實体法的机关存在。所以這是用無組織的方法完成的，因为使這些利益的价值的變化必須在團体的法律制度內表示的是一种有最高意义的法律。

若干國家为了尽力避免這些無組織的變化，并使法律問題的解决不依靠有利害衝突的各國，締結仲裁條約，希望這些衝突得到一种公平的裁判。但是各强國還要在長時間以后才遵從這个慣例。为了實現這个目的，制定若干具体的規条是必要的。在列強抛弃它們的实际的优越地位以前，必須證明关于它們自己締結的條約的繼續所下的仲裁的效果以及关于已證明滿意的國際法規的繼續所下的仲裁的效果。它們將不願意服從雖充分具有知識和正义意識，但不得不依照國際團体的萌芽的正义意識實行各种判决的一个机关。目前只存在一般仲裁條約的小國家，能夠利用對它們締結的條約的、繼續的效力所下的以及對一般國際法規所下的仲裁，制定具体的規条；换句話說，它們能夠利用法律學制定這种規条。在國際法关于國際權利义务的內部衰敗具有明確的內容以前，永远不会有一个國際法的机关。但是，在這种机关設立以后，有关這种事件的活动可能是使它發展成为一种更普遍的立法机关的方法。

第三节　国际法的制定

七、世界国家的产生　引起联邦和联邦国的政治組織的發達，最后一定产生一个能以人民代表为基础的机关，在各个范圍內实施一种世界的正义意識。一个民族按照本族法律生活的权利，將在那个时候消灭，各国將合幷而为一个世界帝国。这个能产生統一全人类的單一国家的世界帝国，或者將迟至几世纪以后才能实现；但是我們切勿忘掉，使这个帝国实现的过程正在我們眼前进展。因为具有国际性的利益增加，立法的中心遂从各国移向一个繼續扩大的法律团体。但是在目前，仍旧有各国的机关，它們以国家的資格参与制定以条约为基礎的国际法。在特别以制定国际法为目的和从人民自身产生的一个机关設立以前，單一国家永远不会出现。现在的各国將成为这个單一国家的各省，换句話說，成为設有一种特殊立法机关的团体，但是受下述限制，就是：这个机关只是准备法律价值已在别处决定的各种利益。

但是，空論世界国家和追求法律价值——同包含在奴隶制度廢止內的利益的法律价值一样——已为全世界所接受的那些利益，是不很重要的。观察各文明国家的立法团体似乎更重要，因为这是实际上有效的国际法的来源。国家起源的历史說明这个团体將賴以發展成为一个国家的方法。的确，这种过程幷不起源于"立法"的組織和集中。这两种结果不过在一世紀以內才在大多數国家內获得。国家观念，幷不依賴"司法行政"的組織和集中，在一个民族內实现，这也是确实的。許多民族由包括军人、警察和官吏的权力机关的組織和集中变成許多国家，这种权力机关被个人用作使大众一致服从的工具。主权观念因此在人們意識內得到巩固的基礎，而现代国家是这个观念的运用的结果。近代国家观念不复在主权內，而在有效力的法律內，寻找服从的基礎这个事实，幷不变更主权观念向来对于团体生活具有的意义和价值。在法的自治的統治权能够被認为一种有效的原則以前，一个民族的文明必須非常發達，足以使它感覺到它的共同生活完全被一个类似法律效力的倫理觀念的效力所統治。在近代國家觀念產生以前的若干世紀內，這種文明在大多數民族內是沒有的。因此，只有在沒有自治的各殖民地內才有那種左道的权力 (heteronomous authority)。政治學説忙于替這種权力寻找一種保証。它以上帝的意志为這種权力的基礎；曾在法律的效用內找到；它曾企圖由虚構一種产生主权的契約給它一種法律權限。但是，它永远不能把左道的权力的性質以外的任何性質給与這種权力，因为這種权力幷不依任何內部的和实在的性質統治，只是依照它的外部权力統治。所以，政治學説始終研究的对象是一種法外的权力，這種权力常常在一種所加于軍人和文官組成的有組織的强制的机关的管理內表現出來。這種主权現在才开始讓位于法律的权力，因此一種內部的和自治的力量开始發生效力。國家團体的生命現在正达到這个阶段。本書企圖由解釋近代國家觀念來説明這个事实。

國際團体的政治的演進，和國家團体的政治的演進一样，"必須經過主权觀念的狀態"。這是説，國際的國家的形成也需要一種权力的中心，只有利用這種权力的中心才能征服划分为許多國家的人类。一種國際法的制定和一个世界法院的組織，不能够消灭继续在扩张軍备中寻找滋养物的國家的权力意識。为了达到這个目的，必須确立一个主权者，這个主权者，同在古代一样，利用服从其命令的权力机关施行法律，幷且可以从外部使各民族及其領袖們受倫理力的支配。但是，从這个觀点看來，國際團体的政治的演進，必須同許多重大的困难奋斗，這些困难要比現有各國形成时必須克服的困难多得多。主权的确定以及主权配备强制的工具，必須自觉地完成。這件事情需要各國政府的自制，与它們現在能够行使的强大的强制权相比，這種自制是不容易得到的。這好似是向强有力的各國提出了不可能实現的要求。或者這種不可能的意

第三节 国际法的制定

識存在于各國政府內，存在于它們的成員活动所在的社会團体內。或者联合并不自發地产生一种因共同危險而使它們不得不加入的團体。如果是这样，那么那"不得不"發現的东西或者从比较不醉心于权力的弱小國家的联合产生，或者在常常找到較高理想——不在一种虚飾的环境内滋生——的人民的下層階級內产生。但是，無論中央集权如何完成，在任何情形下，國際的主权者必須具有"独立性"。只有这样，**法律的拘束力才能不受制于必須服从和繼續服从法律的各國**。

所以，我們应该欢迎在国际法范圍内逐漸得势的观念，就是：在構成一个國際的主权者的时候，國際的法律團体的政治組織的發达必須求之于立法和司法的扩張之外。我國的<u>华倫霍文</u>(van Vollenhoven)，在慎重申說国际警察权的重要的时候，曾第一次給这个观念以一个明确的形式。他曾經用历史的判斷辯护主权观念在这方面复活的必要，希望产生一个国际組織。在这里，决定确立这种国际的权力中心的概念，考虑主权者的独立性的需要至何种程度，是不必要的。这个观念本身应该完全看做一种接近这个目的的初步，事实上正逐渐为人所注意。芬蘭公法学家<u>欧列奇</u>①極明确地表示曾研究一个独立的主权者的需要：他把权力机关委托給一个为了这个目的而組織的國際的國家。这里不必深入討論上述替主权观念在国际團体内寻找地位的种种嘗試。它們充分表明前文所說的一切，就是：国际團体發展成为现代國家——换句話說，成为一个独立的法律團体——的起点有頼于国际主权的确立。但是，这种團体，只在独立于各国之外的法律标准能够施用于立法的时候，才能够实现。当一种世界的正义意識依照目前存在于各文明國內的正义意識同样組成的时候，这种情况才能够发生。照这个样子，近代國家观念将在文明人类的整个團体內实现。但是在

---

① "Probleme der internationale Organisation", 1914, pp. 67 ff.

这个过渡时期，必须有一种和近代史开始时發生的相同情形，在那个时候，一个位于許多粗率的法律团体和無組織的司法部之上的自命的主权者，能够用單屬于他本人的权力机关，把权力观念灌注全体人民。只有这样，这个观念才能在法律的倫理的和非个人的权力內得到一种巩固的基础。只有这样，目前同一观念才能替国际团体得到一种相似的基础。